Anne Ketzer

Materialien und Kopiervorlagen
zur Klassenlektüre

Judith Le Huray

Vernetzt gehetzt

Hase und Igel®

Inhalt

MIX Papier FSC® C130643 www.fsc.org

Druckprodukt CO₂ kompensiert klima-druck.de ID-Nr. 24173238 VDM+
Mehr Informationen zur Berechnungsmethodik, zur Kompensation und dem gewählten Goldstandard-Klimaschutzprojekt finden Sie unter klima-druck.de/ID.

www.hase-und-igel.de
Lektorat: Sabine Müthing, Patrik Eis
Illustrationen: Petra Dorkenwald
Satz: Appel Grafik München GmbH
Druck: Joh. Walch GmbH & Co. KG, Im Gries 6, 86179 Augsburg, kontakt@walchdruck.de

ISBN 978-3-86760-494-9
9. Auflage 2025

„Vernetzt gehetzt“ – Das Buch im Unterricht

Das Buch

Internet und soziale Netzwerke nehmen im Alltag von Kindern und Jugendlichen eine zentrale Rolle ein. Smartphones sind nicht mehr wegzudenken und das Bedürfnis, „online“ zu sein, ist allgegenwärtig. Doch bergen diese Medien auch ein erhebliches Potenzial, andere zu verletzen und auszugrenzen. Mobbing und Cybermobbing gehen häufig Hand in Hand und sind an Schulen weit verbreitet. Umso wichtiger ist es, den verantwortungsvollen Umgang mit sozialen Netzwerken schon früh in der Schule zu thematisieren und sich mit den Gefahren und Folgen von Mobbing und Cybermobbing auseinanderzusetzen.

Auch David, die zwölfjährige Hauptfigur des Romans „Vernetzt gehetzt“, muss im Verlauf der Handlung am eigenen Leib erfahren, welche Auswirkungen ein unreflektierter Umgang mit sozialen Netzwerken hat und wie leicht dies zu Mobbing führen kann.

David ist seit knapp einem Jahr an seiner neuen Schule, wo er als lustiger Draufgänger schnell Freundschaften schließen konnte. Zu Beginn des neuen Schuljahres ist er sogar so beliebt, dass seine Mitschüler ihn zum Klassensprecher wählen. Schon bald zeigen sich aber auch Davids negative Seiten: Oft verhält er sich seinen Mitschülern gegenüber unsensibel, sei es in der Schule oder beim Fußballtraining. Er schreckt auch nicht davor zurück, einige Schüler bewusst der Lächerlichkeit preiszugeben, um vor seiner Klasse gut dazustehen und um Anerkennung zu gewinnen.

Kritisch wird es für ihn, als eines seiner Opfer beschließt, sich zu rächen, und auf Facebook einen Fake-Account mit dem Namen „Schillergirl Sieben“ erstellt. „Schillergirl“ nutzt diesen Account ganz gezielt, um David bei seinen Freunden und Mitschülern in Verruf zu bringen, indem sie Fotos oder Fotomontagen postet und Gerüchte in Umlauf bringt.

Durch dieses Vorgehen gelingt es „Schillergirl“ schnell, David in seinem neuen Freundeskreis immer weiter zu isolieren. Auch andere Schüler, die sich an David rächen wollen, springen auf den Zug auf und tragen zur Verschärfung der Situation bei, bis nicht einmal mehr sein bester Freund Adrian und seine neue Freundin Marie mit ihm sprechen wollen. Hilflos muss David mit ansehen, wie sein Leben immer mehr aus den Fugen gerät. Selbstzweifel, Albträume, Panikattacken und ein Leistungsabfall in der Schule sind die Folge.

Als David eine anonyme Aufforderung erhält, nachts im Wald zu einem Treffen zu erscheinen, wird er brutal zusammengeschlagen. Im letzten Moment kommen ihm jedoch Adrian und Marie sowie zwei weitere Mitschüler zu Hilfe. Im Krankenhaus erklären sie dem Verletzten, dass der von David anfangs mit einem Video bloßgestellte Linus hinter „Schillergirl“ steckt und dass es sich bei den vier Schlägern im Wald ebenfalls um Mitschüler handelte, die sich an David rächen wollten.

Die gesamte Romanhandlung wird aus der Perspektive Davids erzählt, sodass die Leser schnell in die Gedanken- und Gefühlswelt der Hauptfigur eintauchen. Die altersspezifische und zugleich humorvolle Sprache zieht gerade junge Leser an, der emotional packende Handlungsaufbau motiviert zudem auch weniger lesefreudige Schüler zur weiteren Lektüre.

Mit der oben skizzierten Handlung sowie den Themen Mobbing und Cybermobbing, soziale Netzwerke, Freundschaft und erste Liebe bietet dieser Roman Schülern der 5. bis 8. Jahrgangsstufe zahlreiche Anknüpfungspunkte an ihre eigene Lebenswelt und wirft wichtige und spannende Fragen auf: Was gebe ich im Netz von mir preis? Wie gehe ich mit Facebook, WhatsApp und ähnlichen Netzwerken um? Wie weit gehe ich für ein paar „Likes“? Wie schnell kann ich mit unüberlegten Handlungen meine Mitmenschen ungewollt verletzen? Warum ist ein kompromittierendes Foto im Internet etwas ganz anderes als eine persönliche Beleidigung im Klassenzimmer? Wie gehe ich mit Konfliktsituationen um? Wie stehe ich zum Thema Mobbing? Wie kann ich Opfern von Mobbing helfen? Kann ich durch mein eigenes Verhalten anderen ein Vorbild sein? Der Roman bietet eine Vielzahl von Möglichkeiten, gezielt an diesen Fragestellungen zu arbeiten und Ihre Schüler für die Bedürfnisse und Befindlichkeiten anderer zu sensibilisieren. Dadurch kann die Lektüre einen wertvollen Beitrag zum sozialen Lernen und zur Medienerziehung leisten.

Das Material

Das Material beschäftigt sich schwerpunktmäßig mit dem Thema (Cyber-)Mobbing. Während die Kopiervorlagen im Abschnitt „Vor der Lektüre“ dazu dienen, Ihren Schülern Hintergrundwissen zu diesem Thema zu vermitteln, steht bei den folgenden Abschnitten der handlungsorientierte Umgang mit der Lektüre im Vordergrund. Dabei erfolgt immer wieder ein Rückgriff auf das zuvor erarbeitete Hintergrundwissen.

Verschiedene Schreibanlässe in Form von Tagebucheintrag, E-Mail, Facebook-Kommentar und Zeitungsbericht regen Ihre Schüler dazu an, sich mit dem Thema Mobbing und den Romanfiguren auseinanderzusetzen. Sie schlüpfen in die Rolle der Mobbingopfer sowie der Beschützer und führen Rollenspiele zu Konfliktsituationen durch. So wird auch auf empathischer Ebene ein Zugang zum Thema geschaffen.

Zudem befassen sich Ihre Schüler mit den im Roman genannten Ratschlägen für einen sicheren Umgang mit sozialen Netzwerken. Weiterführende Aufgaben unter der Rubrik „Kreativ aktiv" regen sie zu Recherchen im Internet und einem Schulprojekt an.

Darüber hinaus bieten Ihnen die Kopiervorlagen abwechslungsreiche Aufgaben zur spielerischen Überprüfung der Textkenntnis sowie zu sprachlichen Aspekten des Romans.

Das Material gliedert sich in fünf Abschnitte, die sich am Handlungsverlauf des Romans orientieren. Der erste und der letzte Abschnitt bieten Vorschläge zur Einführung und zum Abschluss der Lektüre. Die in den fünf Abschnitten aufgegriffenen Themenkomplexe sowie die zugehörigen Kopiervorlagen sind als Impulse für die Gestaltung Ihres Unterrichts gedacht und können je nach Schwerpunktsetzung verwendet werden.

Jeder Abschnitt beginnt mit einem Lehrerteil, in dem Sie eine Inhaltszusammenfassung der einzelnen Kapitel, didaktische Hinweise sowie Musterlösungen zu den Kopiervorlagen finden. Die Aufgaben in den Rubriken „Gesprächs- und Schreibanlässe" sowie „Kreativ aktiv" bieten Möglichkeiten zur weiterführenden Auseinandersetzung.

Signets am oberen Seitenrand verdeutlichen den thematischen Schwerpunkt jeder Kopiervorlage:

Zur Lektüre

Mobbing/
Cybermobbing

Lesetraining

Umgang
mit Sprache

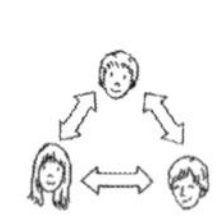

Beziehungen
und Gefühle

Ich wünsche Ihnen und Ihrer Klasse viel Erfolg und Freude bei der Erarbeitung der Lektüre und hoffe, dass dieses Material Ihnen dabei eine wertvolle Hilfe bietet.

Anne Ketzer

Vor der Lektüre

Fordern Sie Ihre Schüler zunächst dazu auf, das Cover zu beschreiben: Was ist darauf zu sehen? Wie wirkt die dargestellte Szene auf sie? Sammeln Sie mit den Schülern Adjektive, die die Szene treffend beschreiben, und halten Sie die Antworten an der Tafel fest. Im Anschluss daran lesen Ihre Schüler den Klappentext und überprüfen ihre ersten Eindrücke.

Sicher wird an dieser Stelle bereits der Begriff „Mobbing“ fallen, vielleicht sogar der des „Cybermobbings“. Damit Ihre Schüler diese Begriffe richtig einordnen und einen leichteren Zugang zur Lektüre erhalten, ist es empfehlenswert, sich bereits vor der eigentlichen Lektürearbeit mit diesen Themen näher auseinanderzusetzen (Kopiervorlagen auf den Seiten 9 bis 12).

Anschließend können Ihre Schüler die Lektüre zu Hause selbstständig als Ganzschrift lesen, um später im Unterricht einzelne Aspekte zu vertiefen. Alternativ können Sie die Lektüre abschnittsweise lesen lassen (im Unterricht oder zu Hause) und parallel dazu verschiedene Inhalte aufgreifen und vertiefen. Die Kopiervorlagen „Tatmotive“ und „Ende gut, alles gut?“ setzen voraus, dass die Schüler das Ende des Romans noch nicht kennen.

Unterrichtsschwerpunkte

- Einstieg in die Lektüre
- Einführung/Wiederholung der Fünf-Schritt-Lesemethode
- Erschließung der Themenkomplexe „Mobbing“ und „Cybermobbing“
- Erstellen eines Schaubildes zur Rollenverteilung beim Mobbing

Zu den Kopiervorlagen

Die Kopiervorlagen auf den Seiten 8 bis 12 bilden in diesem Material eine Ausnahme, da sie eine in sich abgeschlossene Einheit darstellen und aufeinander aufbauen. Dennoch ist es möglich, nur die Kopiervorlagen mit den Informationstexten zu „Mobbing“ und „Cybermobbing“ bearbeiten zu lassen und die anderen beiden Kopiervorlagen nicht zu verwenden.

KV Seite 8

Die Fünf-Schritt-Lesemethode

Bei der Fünf-Schritt-Lesemethode handelt es sich um eine klassische Methode zur inhaltlichen Erschließung von Texten. Ihre Schüler können diese Methode fächerübergreifend bei jedem Text anwenden. Wenn Sie die Methode in Ihrem Unterricht bereits eingeführt haben, können Sie die Kopiervorlage zur Wiederholung nutzen.

Die Schüler ordnen den fünf kurzen Erläuterungstexten in Einzel- oder Partnerarbeit zunächst die passenden Symbole zu. Besprechen Sie mit ihnen die Lösung, bevor die Schüler die Texte und Symbole aufkleben, und gehen Sie dabei konkret auf die einzelnen Schritte der Methode ein. Es empfiehlt sich, die Texte und Symbole als einzelne (Folien-)Schnipsel für den Overheadprojektor, die Tafel oder das Whiteboard vorzubereiten, um das Gesamtergebnis visualisieren zu können. Lassen Sie Ihre Schüler die Methode anschließend auf einen konkreten Text anwenden (siehe Kopiervorlage auf Seite 9).

Eine Aufgabenvariante für eine Wiederholungsstunde ist, dass die Schüler nicht nur Texte und Symbole zuordnen, sondern auch die richtige Reihenfolge der Schritte erarbeiten. Schwärzen Sie dazu einfach die Schritt-Nummerierung auf der Kopiervorlage.

Lösung

Aufgaben 1 und 2:

1. Schritt: Den Text grob überfliegen und das Thema erfassen
2. Schritt: Fragen stellen
3. Schritt: Gründlich lesen und Schlüsselstellen unterstreichen
4. Schritt: Wichtiges zusammenfassen
5. Schritt: Wiederholen

KV Seite 9

Mobbing – Was ist das eigentlich?

Der Informationstext auf dieser Kopiervorlage vermittelt einen Überblick zum Thema „Mobbing“ und soll mithilfe der Fünf-Schritt-Lesemethode erschlossen werden. Um gerade jüngeren Schülern dabei eine Hilfestellung zu bieten, sind zentrale Schlüsselwörter bereits fett gedruckt und dienen so als Anhaltspunkte für den 3. und 4. Schritt der Lesemethode.

Die in Aufgabe 2 erstellte Definition des Begriffs „Mobbing“ kann später in die Mobbingschaubilder (Kopiervorlage auf Seite 10) eingefügt werden.

Mögliche Lösung

Aufgabe 1:

Abschnitt 1: Erklärung des Begriffs „Mobbing“
Abschnitt 2: Typische Mobbingopfer
Abschnitt 3: Typische Mobbingtäter
Abschnitt 4: Weitere Beteiligte am Mobbingprozess
Abschnitt 5: Folgen des Mobbings für die Opfer

Aufgabe 2:

Der Begriff Mobbing wird verwendet, wenn Konflikte entstehen, durch die das Opfer über einen längeren Zeitraum hinweg absichtlich geschädigt wird. Dies kann zum

Beispiel durch Grimassenschneiden, beleidigende Gesten, absichtlichen Ausschluss aus einer Gruppe oder regelmäßige Beschimpfungen geschehen.

KV Seite 10/11

Rollenverteilung beim Mobbing
Basierend auf ihren Erkenntnissen aus dem Informationstext „Mobbing – Was ist das eigentlich?" (Seite 9) ordnen die Schüler den verschiedenen Rollentypen im Mobbing stichwortartige Beschreibungen zu und gestalten anschließend in Partnerarbeit oder in Kleingruppen ein Schaubild dazu.

Es empfiehlt sich, das Schaubild im Verlauf der Lektüre immer wieder einzusetzen, um die jeweilige Rollenkonstellation im Roman nachzuvollziehen und zu veranschaulichen (siehe dazu die Erläuterungen unter „Mobbingschaubild" auf den Seiten 17, 30 und 43).

Lösung
Aufgabe 1:
1e, 2g, 3b, 4a, 5f, 6c, 7d

Aufgabe 2:
siehe Abbildung unten
(In der Musterlösung sind jeweils nur die oberen Textfelder ausgefüllt. Die unteren Textfelder bieten Raum für Einträge im Laufe der Lektürearbeit, siehe Seite 17, 30 und 43.)

KV Seite 12

Was bedeutet Cybermobbing?
Da im Informationstext zum Thema „Mobbing" (Seite 9) wichtige Grundlagen vermittelt werden, empfiehlt es sich, dass Ihre Schüler diesen Text bereits gelesen und bearbeitet haben, bevor sie sich mit dem Text auf dieser Kopiervorlage befassen.

Die Schüler arbeiten die Besonderheiten des Cybermobbings im Vergleich zum Mobbing heraus. Die Arbeitsaufträge sind kooperativ angelegt und bieten den Schülern so die Möglichkeit, die zunächst selbst erarbeiteten Ergebnisse vor der Besprechung im Plenum noch einmal mit einem Mitschüler zu vergleichen. Die Schüler erlangen dadurch größere Sicherheit und sind eher bereit, ihre Arbeitsergebnisse im Unterrichtsgespräch einzubringen.

Wenn Ihre Schüler bereits Schaubilder zur Rollenverteilung im Mobbing (Kopiervorlage auf Seite 10) erstellt haben, können sie neben den Strichmännchen Handys oder Computer einzeichnen. Auch die Definition des Begriffs „Cybermobbing" kann eingefügt werden.

Mögliche Lösung
Aufgabe 2:
- Cybermobbing findet mittels Computer, Laptop oder Smartphone im Internet, in Chats oder in Nachrichtendiensten statt.
- Cybermobbing ist nicht auf den persönlichen Kontakt begrenzt und kann rund um die Uhr erfolgen.

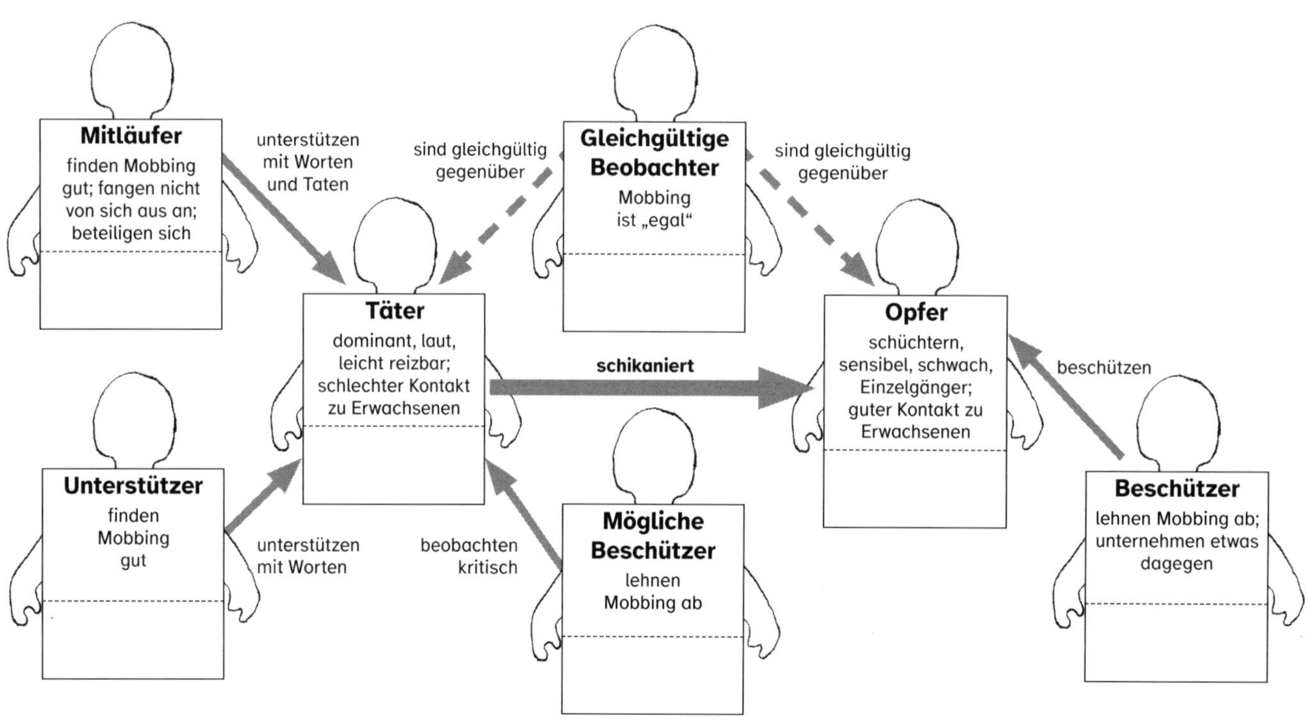

- Opfer können beim Cybermobbing auch zu Hause verfolgt werden.
- Das Publikum ist beim Cybermobbing deutlich größer als beim Mobbing in der realen Situation.
  ➔ Möglicherweise wird also ein deutlich größerer Schaden angerichtet.
- Täter können beim Cybermobbing unerkannt handeln.
  ➔ Dies führt zu gesteigertem Selbstbewusstsein und längerer Ausdauer beim Täter sowie einer größeren Angst beim Opfer.
- Das Opfer des Cybermobbings wird von den Beobachtern nicht oder nur selten wahrgenommen.
  ➔ Das Ausmaß des verursachten Leids wird oft unterschätzt.

Aufgabe 3:
Als Cybermobbing wird das Mobbing im Internet, in Chats oder in Nachrichtendiensten bezeichnet. Der Täter kann anonym handeln, sodass sich das Opfer besonders hilflos fühlt.

Die Fünf-Schritt-Lesemethode

Die Fünf-Schritt-Lesemethode kannst du beim Lesen vieler Texte anwenden. Sie hilft dir dabei, den Inhalt von Texten selbstständig zu erschließen.

1. Schneide die Texte und Symbole aus und ordne den Texten die passenden Symbole zu.

2. Kontrolliere deine Ergebnisse. Klebe dann die Texte und Symbole zusammen in der richtigen Reihenfolge in dein Heft.

4. Schritt

3. Schritt

2. Schritt

5. Schritt

1. Schritt

Gründlich lesen und Schlüsselstellen unterstreichen
Lies den Text genau. Kläre unbekannte Wörter aus dem Textzusammenhang, durch Nachdenken oder mithilfe des Wörterbuches.
Markiere dann die Schlüsselstellen des Textes. Das sind die Textstellen, die Antworten auf die W-Fragen liefern.
(Hinweis: Nicht immer lassen sich alle W-Fragen beantworten.)

Wiederholen
Wiederhole den Inhalt des Textes. Dazu kannst du ihn in Gedanken wiederholen oder leise vor dich hin sprechen. Achte darauf, dass du keine wichtigen Inhalte vergisst.

Den Text grob überfliegen und das Thema erfassen
Achte beim ersten Lesen des Textes vor allem auf die Überschrift, Hervorhebungen und Anfänge von neuen Absätzen. Der Text wird hier noch nicht Wort für Wort gelesen, sondern nur kurz überflogen.
Du solltest hinterher wissen, was das Thema des Textes ist.

Fragen stellen
Beantworte dir nun zuerst folgende Fragen selbst: Was weißt du schon über das Thema des Textes? Welche Informationen fehlen dir noch zum Thema des Textes? Formuliere dann die sechs W-Fragen an den Text (Wer? Was? Wann? Wo? Wie? Warum?) auf einem Notizblatt.

Wichtiges zusammenfassen
Notiere eigene Überschriften zu den einzelnen Abschnitten des Textes, die den Inhalt knapp zusammenfassen. Verwende dazu vor allem die unterstrichenen Schlüsselstellen.
Prüfe am Schluss nochmals, ob die Überschriften auch wirklich zu den Abschnitten passen.

Mobbing – Was ist das eigentlich?

1. Lies den Informationstext zum Thema „Mobbing“ aufmerksam durch und wende dabei die Fünf-Schritt-Lesemethode an.

2. Erstelle eine kurze Definition des Begriffs „Mobbing“.

Mobbing ist mittlerweile zu einem **Begriff** geworden, der uns im Alltag immer öfter begegnet. Auch in der Schule kommt Mobbing leider immer häufiger vor. 2009 haben Forscher herausgefunden, dass fast jeder dritte Schüler schon mindestens einmal Opfer von Mobbing gewesen ist. Aber nicht jeder Schubs oder jede unbedachte Bemerkung ist bereits Mobbing. Entscheidend ist, dass es sich nicht um einen einmaligen Vorfall handelt. „Gemobbt“ wird nur dann, wenn einem anderen mehrfach und über längere Zeit absichtlich geschadet wird. Dabei geht es nicht unbedingt um körperliche Gewalt. Es reicht bereits, wenn man Grimassen schneidet, einen anderen mit unschönen Gesten kränkt, jemanden absichtlich aus einer Gruppe ausschließt oder ihn fortwährend beleidigt.
Vor allem körperlich schwache, sensible und vorsichtige Einzelgänger, die nur ein geringes Selbstwertgefühl haben, können schnell **Opfer** von Mobbing werden. Da sie sich anders als ihre Mitschüler verhalten, bieten sie oft Anlass zu Spott und werden schnell ausgegrenzt. Dazu trägt auch bei, dass diese Schüler häufig besser mit Erwachsenen zurechtkommen als mit ihren Altersgenossen und sie deshalb wenige oder gar keine Freunde haben.
Dagegen haben eigensinnige und dominante Schüler den Drang, alles in ihrer Umgebung zu bestimmen, wodurch sie häufig zu **Tätern** im Mobbing werden. Sie sind meist leicht reizbar und ungeduldig, deshalb reagieren sie schnell und unüberlegt auf andere. Auch fällt es den Mobbingtätern schwer, sich in andere hineinzuversetzen. Sie empfinden nur wenig oder gar kein Mitleid mit ihren Opfern. Mit Erwachsenen haben sie oft Probleme wegen ihres widerspenstigen Verhaltens.
Aber nicht nur Opfer und Täter nehmen im Mobbing wichtige Positionen ein, auch andere Schüler spielen eine nicht zu unterschätzende Rolle. Während **Unterstützer** das Vorgehen des Täters nur gut finden und es – ohne selbst tätig zu werden – mit Worten unterstützen, mischen sich **Mitläufer** aktiv handelnd ins Mobbinggeschehen ein. Allerdings hätten sie von selbst nicht damit angefangen. Oft stellen sich Mitläufer und Unterstützer auf die Seite des Täters, weil sie selbst nicht Opfer werden wollen und der Druck in der Gruppe für sie zu hoch ist. Auch der Geschädigte steht nicht unbedingt völlig allein da. Für ihn können die sogenannten **Beschützer** Partei ergreifen. „Mögliche“ Beschützer lehnen die Vorkommnisse im Mobbing ab und würden gerne etwas dagegen unternehmen, trauen sich selbst aber nicht, aktiv einzugreifen. „Aktive“ Beschützer stellen sich dagegen klar auf die Seite des Opfers und greifen ein, um zu helfen, oder versuchen dies zumindest. Die letzte Gruppe im Mobbing bilden die gleichgültigen **Beobachter**. Wie der Name schon sagt, ist ihnen das Mobbinggeschehen egal, weil sie der Meinung sind, dass es sie nichts angehe.
Mobbing hat oft gravierende **Folgen** für das weitere Leben der Opfer. Sie fühlen sich wertlos, sind depressiv, leiden unter Schlaf- und Essstörungen. Das Gefühl, als Außenseiter gebrandmarkt zu sein, verlässt sie nicht. Deshalb muss alles getan werden, um ihnen zu helfen und Mobbing zu verhindern.

Rollenverteilung beim Mobbing (1)

1. Verbindet die Rollentypen im Mobbing mit der jeweils passenden Beschreibung.

1 Täter	g schüchtern, sensibel, schwach; Einzelgänger; guter Kontakt zu Erwachsenen
2 Opfer	b finden Mobbing gut; fangen nicht von sich aus an; beteiligen sich
3 Mitläufer	a finden Mobbing gut
4 Unterstützer	f Mobbing ist „egal“
5 Gleichgültige Beobachter	e dominant, laut, leicht reizbar; schlechter Kontakt zu Erwachsenen
6 Mögliche Beschützer	c lehnen Mobbing ab
7 Beschützer	d lehnen Mobbing ab; unternehmen etwas dagegen

2. Erstellt ein Schaubild zur Rollenverteilung beim Mobbing.

Diese Materialien benötigt ihr:
- ein Plakat
- Schere und Kleber
- Strichmännchen-Vorlagen
- Lineal und verschiedenfarbige Stifte

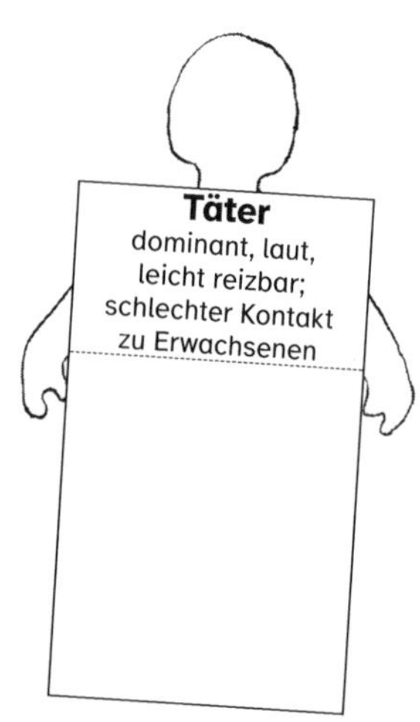

a) Schneidet sieben Strichmännchen aus.

b) Schreibt die Rollentypen und die passende Beschreibung aus Aufgabe 1 jeweils in das obere Textfeld.

c) Ordnet die sieben Strichmännchen auf dem Plakat sinnvoll an und stellt die Beziehungen zwischen den Rollentypen mit beschrifteten Pfeilen dar. Folgende Stichpunkte helfen euch dabei:

unterstützen mit Worten | beobachten kritisch | schikaniert

beschützen | unterstützen mit Worten und Taten | sind gleichgültig

Rollenverteilung beim Mobbing (2)

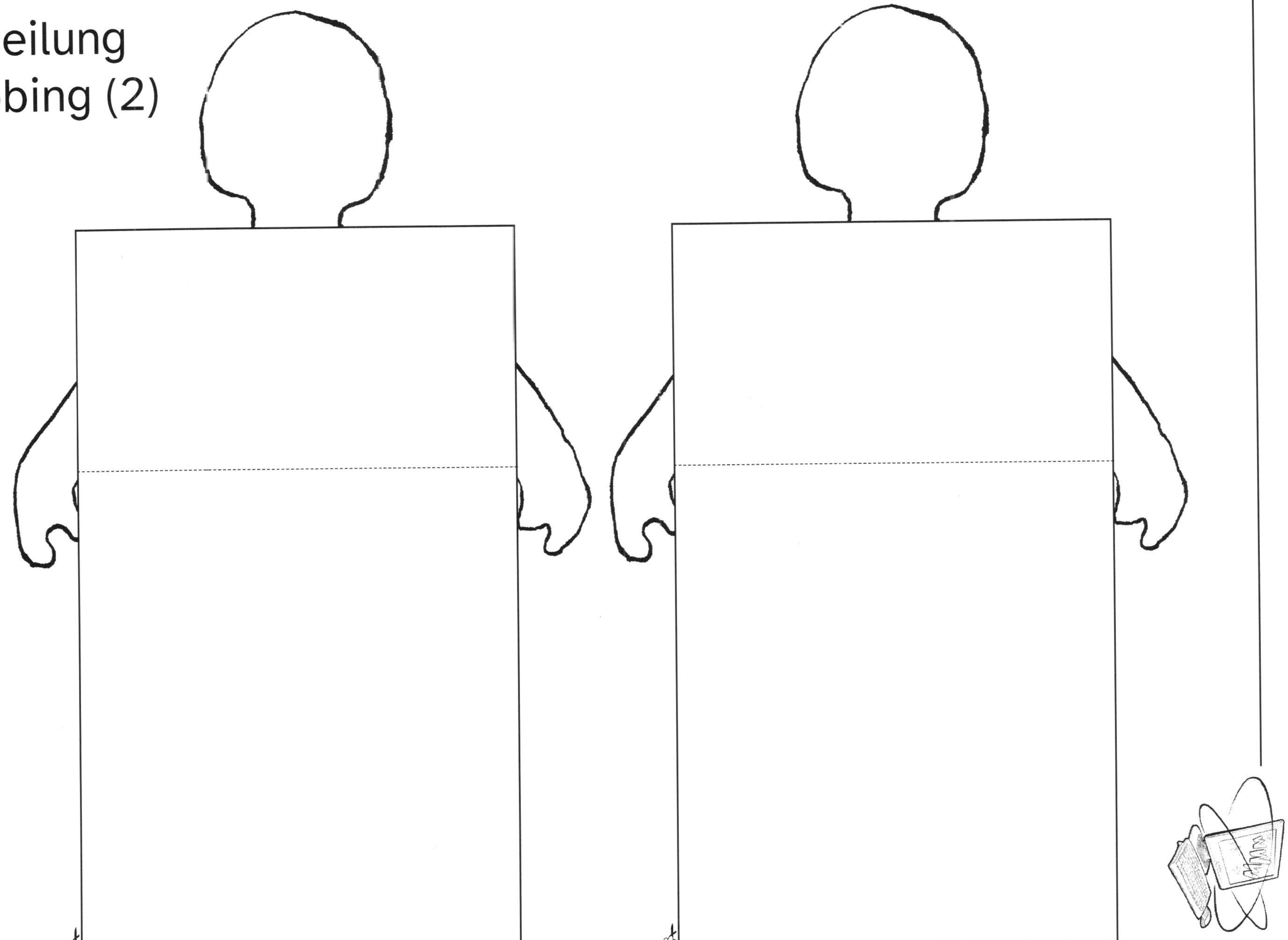

Was bedeutet Cybermobbing?

1. Lies den Informationstext zum Thema „Cybermobbing“ aufmerksam durch.
Hinweis: Auch hier kann dir die Fünf-Schritt-Lesemethode helfen, den Inhalt des Textes zu erfassen.

2. Worin unterscheidet sich das Cybermobbing vom „normalen“ Mobbing? Notiere die Unterschiede in Stichpunkten und tausche dich anschließend mit deinem Sitznachbarn darüber aus.

3. Erstellt gemeinsam eine kurze Definition des Begriffs „Cybermobbing“.

Als „Cybermobbing“ bezeichnet man alle Handlungen, mit denen ein Opfer im Internet, in Chats oder Nachrichtendiensten gemobbt wird. Es erfolgt also über einen Computer oder Laptop mit Internetzugang oder über ein Smartphone.

Wichtig für den Täter ist hier genauso wie beim Mobbing, dass sich sein Opfer nur schwer oder gar nicht gegen seine Attacken wehren kann. So kann er seine Machtposition ausleben, während das Opfer im Laufe der Zeit immer hilfloser wird und immer weiter von seinem Umfeld isoliert wird.

Das Vorgehen im Internet ermöglicht es dem Täter jedoch, unerkannt zu handeln. Dies führt dazu, dass das Opfer noch stärker verunsichert wird als beim Mobbing im „realen“ Leben. Oft kennen sich Täter und Opfer, sodass viele Cybermobbingopfer durchaus Vermutungen haben, wer hinter den Angriffen gegen sie steckt. Cybermobbing und Mobbing gehen häufig Hand in Hand und die Opfer sind auch im realen Leben Mobbingattacken ausgesetzt.

Typische Verhaltensweisen der Täter beim Cybermobbing sind das Beleidigen in Nachrichten oder E-Mails, das gezielte Verbreiten von Gerüchten oder Lügen im Internet oder aber die bewusste Weitergabe von vertraulichen Informationen des Opfers. Dadurch soll das Opfer vor anderen bloßgestellt werden. Außerdem ist es auch im Internet möglich, das Opfer bewusst zu isolieren, indem man es zum Beispiel aus Gruppen und Chats ausschließt. Das Opfer erleidet somit dieselben Schikanen wie beim Mobbing, sie finden nur auf andere Art und Weise statt.

Obwohl sich Cybermobbing und Mobbing sehr ähneln, gibt es auch ein paar entscheidende Unterschiede. Zunächst einmal können die Täter ihre Opfer beim Cybermobbing zu jeder Zeit angreifen. Das Opfer hat also im schlimmsten Fall überhaupt keine ruhige Minute mehr. Außerdem können die Schikanen im Netz von einem viel größeren Personenkreis mitverfolgt werden. Deshalb ist der Schaden, den Cybermobbing anrichten kann, deutlich größer als beim Mobbing. Zudem wird das Opfer völlig in den Hintergrund gedrängt und es gibt kaum jemanden, der sich um das Cybermobbingopfer sorgt. Das liegt vor allem daran, dass die Reaktion des Opfers nicht direkt beobachtet werden kann. Das Leid, welches einem Opfer online zugefügt wird, wird oft niemandem wirklich bewusst.

1. bis 6. Kapitel: Alles gut?

Inhalt

(1) Wie jedes Jahr wird in Davids Klasse zu Beginn des neuen Schuljahres ein neuer Klassensprecher gewählt. Auch David steht zur Wahl und verfolgt gemeinsam mit seinem besten Freund Adrian aufgeregt die Auszählung der Stimmen. Als Frau Wagner, ihre Klassenlehrerin, das Ergebnis verkündet, kann David kaum fassen, dass er die Wahl gewonnen hat. Besonders stolz ist er auf seinen Erfolg, weil er erst seit einem Jahr auf diese Schule geht.

(2) Zu Hause erzählt David seiner Mutter von seiner Wahl zum Klassensprecher, die ebenfalls stolz auf ihren Sohn ist. Davids neue Beliebtheit macht sich auch auf seinem Facebook-Account bemerkbar: Er hat eine neue Freundschaftsanfrage bekommen und findet mehrere Posts von Mitschülern, die ihm noch einmal gratulieren. Obwohl nur wenige seiner Klassenkameraden bereits 13 Jahre alt sind, haben alle einen Account in dem sozialen Netzwerk. Auf seiner Facebook-Seite hat David auch die Freibadfotos mit seinen Klassenkameraden eingestellt. Er ist sehr glücklich darüber, dass er in der neuen Klasse so gut aufgenommen worden ist, nachdem er wegen der Trennung seiner Eltern in eine andere Stadt ziehen musste.

(3) Den späten Nachmittag verbringt David beim Fußballtraining. Er hat dem ehemaligen Star der Mannschaft, Mustafa, als neuer Torschützenkönig der Saison den Rang abgelaufen. Mustafa macht seinem Ärger durch ein böses Foul an David Luft. Abends schreibt David verärgert einen Post über das Foul, was sogleich eine rege Diskussion auf Facebook auslöst und zu ersten Beleidigungen und Drohungen führt.

(4) David und Adrian beobachten in einer Pause heimlich ihren Klassenkameraden Linus, der wegen seiner vielen Pickelnarben „Warzenkrote“ genannt wird. Er fragt Vanessa, vor Aufregung stark stotternd, ob sie mit ihm ins Kino gehen wolle. Vanessa lacht Linus jedoch nur aus. David filmt diesen Vorfall spontan mit seinem Handy und stellt ihn unter der Überschrift „Liebesleben einer Kröte“ in Facebook online. Damit tritt er eine Spottlawine gegen Linus los. Zunächst ist David mit seinem Coup zufrieden. Später kommen ihm allerdings Zweifel und er löscht das Video.

(5) Als David am nächsten Tag in die Schule kommt, hat sich das Video dennoch wie ein Lauffeuer verbreitet, da sein Klassenkamerad Robin es direkt heruntergeladen und weiterverschickt hat. Davids schlechtes Gewissen wird verstärkt, als Linus in die Klasse schleicht und mit lautem Spott begrüßt wird. Später versucht Davids Mitschülerin Sofia, ihn in ein Gespräch zu verwickeln und ihm näherzukommen. David gibt ihr sehr unhöflich und schonungslos zu verstehen, dass er nichts von ihr wolle und sie ihn in Ruhe lassen solle. Sofia droht ihm Rache an und läuft verletzt weg.

(6) Am Wochenende telefoniert David mit seinem Vater, der sehr kurz angebunden ist. Traurig erinnert sich David an die Zeit, als sein Vater arbeitslos war, der Streit zwischen seinen Eltern zunahm und sie ihm nichts kaufen konnten, sodass er den Lässigen gemimt hat, um von seinen damaligen Schulkameraden nicht gehänselt zu werden.

Auf Annabels Party unterhält sich David länger mit Marie, in die er heimlich verliebt ist. Als ihr eifersüchtiger Freund Paul sie überrascht, will Marie einen Schlussstrich ziehen und sich von ihm trennen. Paul wirft David hasserfüllte Blicke zu und geht drohend fort. Als sich Marie mit einem Kuss auf die Wange bei David für seinen Beistand bedankt, gesteht er ihr seine Gefühle, die Marie erwidert.

Unterrichtsschwerpunkte

- Prüfung der Textkenntnis
- Aufgaben und Eigenschaften eines Klassensprechers
- Charaktereigenschaften Davids
- sich in eine Romanfigur hineinversetzen
- mit Konfliktsituationen umgehen, ohne andere zu verletzen

Zu den Kopiervorlagen

KV Seite 19

Richtig oder falsch?

Diese Kopiervorlage dient der spielerischen Überprüfung der Textkenntnis Ihrer Schüler.

	richtig	falsch
1. David ist erst im letzten Jahr neu in die Klasse gekommen.	✘	
2. David wurde von Sofia als Klassensprecher vorgeschlagen, weil …	✘	
3. Davids bester Freund Adrian gewinnt die Klassensprecherwahl knapp …		✘
4. Alle Schüler aus Davids Klasse sind bereits über 13 Jahre alt …		✘
5. David ist heimlich in Marie verliebt.	✘	
6. David gehört zu den besten Spielern seiner Fußballmannschaft …	✘	
7. Beim Training ist David böse von Musti gefoult worden.	✘	
8. David hat Angst davor, was Musti sonst noch gegen ihn …		✘
9. Den pickelgesichtigen Linus nennen alle nur „Warzenkröte".	✘	
10. David und Adrian beobachten heimlich, wie Linus eine Mitschülerin …	✘	
11. Adrian hat Mitleid mit Linus und versucht ihn zu trösten.		✘
12. Alle Mitschüler finden es toll, dass David ein Video …		✘
13. Pascal ist mit dem geposteten Video nicht einverstanden …	✘	
14. Als Sofia David in ein Gespräch verwickelt, verliert er die Geduld …	✘	
15. Davids Vater freut sich sehr über den Anruf seines Sohnes …		✘
16. Marie trennt sich von ihrem Freund Paul, weil er ständig eifersüchtig ist.	✘	
17. Paul ist mit der Trennung einverstanden und wünscht Marie alles Gute.		✘
18. Als David Marie seine Gefühle gesteht, ist sie glücklich, da …	✘	

KV Seite 20

Der perfekte Klassensprecher?

Ausgehend von der Frage, welche Aufgaben ein Klassensprecher hat, beschäftigen sich Ihre Schüler mit Davids Charaktereigenschaften und der Frage, ob er als Klassensprecher geeignet ist. Um die Arbeit mit der Lektüre zu intensivieren, können Sie die Schüler bei Aufgabe 3 dazu auffordern, ihre Einschätzung mit konkreten Textstellen zu belegen.

Im Rahmen von Aufgabe 5 kann zudem thematisiert werden, dass ein Klassensprecher nicht leichtfertig gewählt werden sollte. Sie können die Ergebnisse der Diskussion nutzen, um eine klasseninterne Liste mit den „Top-5-Eigenschaften" eines Klassensprechers zu erstellen und sie bei kommenden Wahlen als Hilfestellung für Ihre Schüler heranziehen.

Lösung

Aufgabe 1:

- Verantwortung für die Klasse übernehmen
- bei Schwierigkeiten zwischen Schülern und Lehrern vermitteln
- Wünsche der Klasse an die Lehrer weiterleiten
- Streitigkeiten innerhalb der Klasse schlichten
- den Mitschülern wichtige Entscheidungen und Informationen, die das Zusammenleben an der Schule betreffen, mitteilen

Aufgabe 2:

zuverlässig, fair, verlässlich, (beliebt), redegewandt, (mutig), hilfsbereit

Aufgabe 3:

- ichbezogen (S. 11: „Pech für ihn"; S. 20: „Aber das alles ist schließlich nicht mein Problem …")
- beliebt (S. 16: „Ich bin beliebt, habe neue Freunde und bin sogar Klassensprecher", S. 17: „Für die anderen dagegen wurde ich der King")
- unbedacht (S. 20: „… in meinem Ärger fangen meine Finger wie von alleine an zu tippen")
- unsensibel (S. 24: „… wer Warzenkröte kennt, wird sofort kapieren, wer sich da einen abstottert. Die anderen werden am Boden liegen vor Lachen!"; S. 30: „Ich will nichts von so einer nervigen Katzentussi wie dir!")
- leichtfertig (S. 23: „Da wird mir schon was einfallen"; S. 31: „Es ist, wie es ist")

Aufgabe 4:

individuelle Lösung; die Ergebnisse der Aufgaben 2 und 3 sollten in die Begründung miteinbezogen werden

Aufgabe 5:

David ist in seiner Klasse sehr beliebt. Viele seiner Mitschüler schätzen ihn als witzigen und mutigen Klassenkameraden, der immer für einen Spaß zu haben ist.

KV Seite 21

Ein geniales Jahr

Die Hauptfigur David wirkt zu Beginn des Romans nicht immer sonderlich sympathisch. Oft ist er anderen gegenüber unsensibel und macht sich über sie lustig. Anhand dieser Kopiervorlage setzen sich Ihre Schüler mit den Gründen für sein Verhalten auseinander. Sie erarbeiten, dass ein zentraler Beweggrund der Wunsch nach Anerkennung in der neuen Klasse ist. Mit der Zuordnung der Zitate in Aufgabe 3 wird deutlich, dass sich sein Wunsch auf verschiedenen Ebenen vorerst erfüllt hat. In Aufgabe 4 wird zudem thematisiert, welche Rolle soziale Netzwerke wie Facebook dabei spielen „dazuzugehören". Diskutieren Sie die Stellungnahmen Ihrer Schüler in der Klasse.

Lösung

Aufgabe 1:

David muss sein vertrautes Umfeld verlassen; er weiß nicht, ob er in der neuen Stadt Freunde findet und wie er in der neuen Klasse aufgenommen wird. Außerdem verliert er durch den Umzug seinen Vater als nahe Bezugsperson.

Aufgabe 2:

David hat sich leichter als erwartet eingelebt. Wichtig war es für ihn, neue Freunde zu finden und in die Klassengemeinschaft aufgenommen zu werden. Einen besten Freund wie Adrian zu finden, der ganz in seiner Nähe wohnt, war für ihn ein besonderes Glück. Seine Wahl zum Klassensprecher zeigt ihm, dass er in der Klasse sehr beliebt ist. Sein Erfolg im Fußballverein (Torschützenkönig) ist ihm ebenfalls sehr wichtig, weil er dadurch bei den anderen Anerkennung findet.

Aufgabe 3:

- „Der Sommer war auf jeden Fall super und ich fühle mich total wohl hier." → gemeinsame Freibadbesuche mit den Klassenkameraden in den Ferien
- „Ich bin stolz wie Oskar …" → erfolgreiche Wahl zum Klassensprecher
- „… war ein riesiges Glück für mich." → Freundschaft mit Adrian
- „Für die anderen dagegen wurde ich der King." → Erfolg im Fußballverein, Torschützenkönig

Aufgabe 4:

individuelle Lösung

KV Seite 22

Alles nur Spaß?!?

Bevor Sie die Kopiervorlage verteilen, empfiehlt es sich, Davids Verhalten im 4. Kapitel zu thematisieren, als er das Gespräch zwischen Linus und Vanessa filmt und das Video anschließend bei Facebook online stellt: Wie schätzen Ihre Schüler Davids Verhalten ein? Wie viele Schüler finden dieses Verhalten nachvollziehbar? Wer ist der Meinung, es sei nichts dabei, da es ja nur ein Spaß sein sollte? Gehen Sie an dieser Stelle noch nicht auf Linus ein, nur Davids Verhalten soll hier im Fokus stehen. Halten Sie das Stimmungsbild der Klasse stichpunktartig an der Tafel fest.

Anschließend beschäftigen sich Ihre Schüler mit Linus. Indem sie sich in Aufgabe 1 der Kopiervorlage mit seinen Gedanken und Gefühlen auseinandersetzen, wird ihnen auf empathischer Ebene ein Zugang zu dieser Außenseiterfigur ermöglicht. Die Ergebnisse dienen als Grundlage für das Verfassen des Tagebucheintrags in Aufgabe 2.

Lassen Sie einige der entstandenen Einträge in der Klasse vorlesen oder organisieren Sie alternativ einen Gallery Walk, für den die Texte zum stillen Lesen ausgehängt werden. Fordern Sie Ihre Schüler anschließend dazu auf, den Tagebucheintrag auszuwählen, der ihrer Meinung nach die Gedanken und Gefühle von Linus am besten widerspiegelt. Am einfachsten ist dies, wenn die Schüler einen Klebepunkt auf ihren „Favoriten" kleben. Der Tagebucheintrag mit den meisten Punkten wird vorgelesen. Lassen Sie die Schüler herausarbeiten, warum er besonders gut gelungen ist.

Thematisieren Sie abschließend erneut Davids Verhalten. Dazu können die zu Beginn der Arbeitsphase gesammelten Stichpunkte als Ausgangspunkt dienen. Hat sich das Stimmungsbild innerhalb der Klasse verändert? Inwieweit haben die gewonnenen Erkenntnisse Relevanz für das eigene Handeln?

Lösung

Aufgabe 1:

individuelle Lösung, mögliche Stichpunkte:

a) Aufregung; Zweifel am Erfolg seines Vorhabens; Überlegungen, es doch lieber zu lassen; sich ausmalen, wie Vanessa reagieren könnte; Vorfreude auf den gemeinsamen Kinobesuch, falls Vanessa zusagen sollte …

b) Enttäuschung; Gefühl von Minderwertigkeit; Gefühl, im Boden versinken zu wollen; Demütigung; Scham …

c) Entsetzen; erneutes Schamgefühl; Gefühl der Demütigung wird größer, da er nun weiß, dass er beobachtet wurde; Gefühl der Ohnmacht; Verzweiflung …

d) Demütigung erreicht ihren Höhepunkt; Minderwertigkeitsgefühle steigen; Hilflosigkeit; will sich verstecken, verkriechen; Gefühl, völlig allein zu sein …

Aufgabe 2:

individuelle Lösung

KV Seite 23

Persönliche Gespräche führen

Oft gelingt es uns nicht, wichtige persönliche Gespräche mit unseren Mitmenschen auf eine faire und rücksichtsvolle Weise zu führen. Auch in dem Roman gibt es dafür Beispiele. David gelingt es nicht, Sofia sensibel zu erklären, warum er sich von ihr bedrängt fühlt und dass er keine größere Nähe wünscht. Und auch Marie schafft es nicht, sich auf faire Art und Weise von Paul zu trennen. Anstatt dem anderen die Möglichkeit zu einem Vier-Augen-Gespräch ohne „Zuschauer“ einzuräumen und die eigenen Gefühle ruhig zu erklären, reagieren sie kurz entschlossen und unsensibel.

Mit der Kopiervorlage haben Ihre Schüler die Wahl, sich mit einer der beiden Situationen genauer auseinanderzusetzen. Sie überlegen, wie David bzw. Marie das Gespräch hätte führen können, ohne den Gesprächspartner unnötig zu verletzen. Vertiefend können Ihre Schüler Rollenspiele durchführen (siehe Rubrik „Kreativ aktiv“).

Lösung

Aufgabe 2:

individuelle Lösung

Aufgabe 3:

individuelle Lösung, mögliche Stichpunkte:

- allein das Gespräch mit Sofia suchen, ohne „Zuschauer“, vor denen sie bloßgestellt werden könnte
- ihr in ruhigem Ton erklären, was ihn stört und warum, statt aus seiner Wut heraus lautstark auf sie einzureden
- Sofia die Möglichkeit geben, über seine Sicht nachzudenken
- Sofia einfühlsam mitteilen, dass er keine Gefühle für sie hat

Aufgabe 5:

individuelle Lösung

Aufgabe 6:

individuelle Lösung, mögliche Stichpunkte:

- allein das Gespräch mit Paul suchen
- ihm mitteilen, welches Verhalten sie sich von ihm wünschen würde und was sie stört (statt ihn vor vollendete Tatsachen zu stellen)
- Paul die Möglichkeit geben, über ihre Vorwürfe nachzudenken
- Paul auf einfühlsame Weise ggf. mitteilen, dass sie keine Gefühle mehr für ihn hat
- sich unter vier Augen von Paul trennen und ihm damit die Möglichkeit geben, dies allein zu verdauen, bevor es andere mitbekommen

Gesprächs- und Schreibanlässe

Hobbys

David verbringt einen großen Teil seiner Freizeit beim Fußballtraining, sein Freund Adrian ist leidenschaftlicher Schlagzeugspieler.

Sprecht darüber, welche Hobbys ihr habt und was sie euch bedeuten.

Facebook und WhatsApp

- Führt eine Umfrage in eurer Klasse durch: Wie viele Schüler aus eurer Klasse haben einen eigenen Facebook-Account? Wie viele nutzen WhatsApp? Welche sonstigen Plattformen für Chats spielen für euch eine Rolle? Wie intensiv nutzt ihr sie? Wie erlebt ihr den Umgang damit?
- Malt eine Waage an die Tafel. In eine Waagschale zeichnet ihr symbolisch das Internet mit all seinen Nutzungs-

möglichkeiten und sozialen Netzwerken. In die andere Waagschale „werft" ihr alles, womit ihr euch in eurer Freizeit sonst noch beschäftigt. Diskutiert euer Ergebnis.

- Welche Vor- und welche Nachteile kann es haben, sich intensiv mit den neuen Medien zu beschäftigen? Hängt eine Liste im Klassenzimmer aus und erweitert sie im weiteren Verlauf der Lektürearbeit.

Facebook erst ab 13?!?

Laut den Nutzungsbedingungen von Facebook darf man sich dort erst ab 13 Jahren anmelden. Das soll verhindern, dass persönliche Daten von Kindern gespeichert werden, was in den USA verboten ist. Da aber weltweit bereits viele jüngere Nutzer über einen eigenen Account verfügen, denken die Facebook-Betreiber darüber nach, zukünftig auch jüngeren Kindern offiziell einen Beitritt zu erlauben. Eine Voraussetzung dafür wäre zum Beispiel, den Account von unter 13-Jährigen mit dem ihrer Eltern zu verbinden. So könnten die Eltern entscheiden, mit wem ihre Kinder befreundet sind und welche Apps genutzt werden dürfen.

Diskutiert diese Idee in der Klasse. Wo liegen die Vorteile einer solchen Lösung? Worin bestehen eurer Meinung nach die Nachteile?

Familienbande

In der Lektüre wird bald klar, dass Davids Eltern getrennt leben und sein Vater sich kaum um ihn kümmert.

Welche Bedeutung hat die Familie als Ort des Rückzugs, der Sicherheit und der gegenseitigen Unterstützung für euch? Erzählt, was ihr in der letzten Zeit mit eurer Familie unternommen habt.

Der coole David?

Im 6. Kapitel wird erzählt, dass David früher den Coolen gemimt hat, um von seinen damaligen Klassenkameraden nicht gehänselt zu werden. Diskutiert Davids Verhalten: Könnten solche Ängste auch in seiner neuen Klasse noch eine Rolle spielen?

Wie schätzt ihr die Situation in eurer Klasse ein: Wie wichtig ist es, „cool" zu sein?

Kreativ aktiv

Rollenspiele

- Eigentlich wollte sich David im 5. Kapitel bei Linus dafür entschuldigen, dass er das Video online gestellt hat, doch nach der Klassenarbeit hat er seinen Vorsatz vergessen. Holt dieses Entschuldigungsgespräch nach und bereitet ein Rollenspiel dazu vor. Tragt das Rollenspiel vor. Jede Figur erhält dabei ein „Double", das im Verlauf des Rollenspiels die Gefühle seiner Figur beschreibt.
- Im 4. und 5. Kapitel verhalten sich Vanessa (gegenüber Linus) und David (gegenüber Sofia) sehr unsensibel. Bildet Kleingruppen und wählt eine der beiden Situationen aus, um sie in Form eines Rollenspiels vorzutragen. Jede Figur erhält ein „Double", das im Verlauf des Rollenspiels die Gefühle seiner Figur beschreibt.

Diskutiert anschließend die beiden Textstellen und überlegt euch für beide Situationen Alternativen, in denen weder Linus noch Sofia verletzt werden. Spielt auch diese positiven Szenen vor. Wie haben sich die Gefühle von Linus und Sofia nun verändert?

Mobbingschaubild

Linus wird offensichtlich seit geraumer Zeit von seinen Mitschülern gehänselt, die ihm wegen seiner Pickelnarben den Spitznamen „Warzenkröte" gegeben haben. Überlegt, welche Romanfiguren im 4. Kapitel welche Mobbingrollen übernehmen, als David das Video von Linus und Vanessa auf Facebook postet. Tragt eure Ergebnisse in die freien Textfelder eures vor Beginn der Lektüre erstellten Schaubilds zur „Rollenverteilung beim Mobbing" ein.

Rollenverteilung in der Mobbingsituation im 4. Kapitel:

- Täter: David
- Mitläufer: Adrian
- Unterstützer: Yusuf, Anna, Lisa Lotta, Vanessa, Paul, Benny (Mister Ypsilon), Sofia, Juliane
- Opfer: Linus
- gleichgültige Beobachter: alle, die das Video gesehen haben, aber nichts dazu sagen
- mögliche Beschützer: hier schwer festzustellen, evtl. kann aber der Post von Alex als ablehnend interpretiert werden
- Beschützer: Pascal

Freundschaftsbande
Erstellt kurze Steckbriefe zu den wichtigsten Figuren des Romans. Ordnet sie anschließend auf einem großen Plakat so an, dass die Beziehungen der Figuren zueinander am Ende des 6. Kapitels deutlich werden: Welche Figuren sind gut miteinander befreundet? Wer steht sich neutral gegenüber? Welche Personen mögen sich nicht?

Liebe und Beziehung
Fertigt eine Collage zum Thema „Liebe und Beziehung" an. Nehmt darin alles auf, was euch bei diesem Thema wichtig ist. Sucht Bilder in Zeitschriften oder im Internet, um sie in eurer Collage zu verwenden.

Richtig oder falsch?

Hast du die ersten sechs Kapitel aufmerksam gelesen? Kreuze an, ob die Aussagen richtig oder falsch sind.

		richtig	falsch
1.	David ist erst im letzten Jahr neu in die Klasse gekommen.		
2.	David wurde von Sofia als Klassensprecher vorgeschlagen, weil sie für ihn schwärmt.		
3.	Davids bester Freund Adrian gewinnt die Klassensprecherwahl knapp und freut sich sehr darüber.		
4.	Alle Schüler aus Davids Klasse sind bereits über 13 Jahre alt und dürfen deshalb ganz offiziell einen Account bei Facebook haben.		
5.	David ist heimlich in Marie verliebt.		
6.	David gehört zu den besten Spielern seiner Fußballmannschaft und ist sogar Torschützenkönig geworden.		
7.	Beim Training ist David böse von Musti gefoult worden.		
8.	David hat Angst davor, was Musti sonst noch gegen ihn unternehmen könnte.		
9.	Den pickelgesichtigen Linus nennen alle nur „Warzenkröte".		
10.	David und Adrian beobachten heimlich, wie Linus eine Mitschülerin fragt, ob sie mit ihm ins Kino gehen möchte, und amüsieren sich sehr, als dieser einen Korb bekommt.		
11.	Adrian hat Mitleid mit Linus und versucht ihn zu trösten.		
12.	Alle Mitschüler finden es toll, dass David ein Video von einem Straßenrennen auf Facebook geteilt hat.		
13.	Pascal ist mit dem geposteten Video nicht einverstanden und möchte, dass David es löscht.		
14.	Als Sofia David in ein Gespräch verwickelt, verliert er die Geduld und macht ihr sehr unhöflich klar, dass sie ihn in Ruhe lassen soll.		
15.	Davids Vater freut sich sehr über den Anruf seines Sohnes und die beiden telefonieren fast den ganzen Vormittag.		
16.	Marie trennt sich von ihrem Freund Paul, weil er ständig eifersüchtig ist.		
17.	Paul ist mit der Trennung einverstanden und wünscht Marie alles Gute.		
18.	Als David Marie seine Gefühle gesteht, ist sie glücklich, da sie auch in ihn verliebt ist.		

Der perfekte Klassensprecher?

Im 1. Kapitel wird erzählt, wie David die Wahl zum Klassensprecher gewinnt.

1. Überlege, welche Aufgaben ein Klassensprecher hat. Notiere Stichpunkte und tausche dich mit deinem Sitznachbarn aus.

______________________ ______________________

______________________ ______________________

______________________ ______________________

2. Kreuze mit einem grünen Stift an, welche Eigenschaften ein Klassensprecher deiner Meinung nach haben sollte. Ergänze Eigenschaften, die dir fehlen.

- ◯ zuverlässig
- ◯ fleißig
- ◯ ichbezogen
- ◯ fair
- ◯ verlässlich
- ◯ beliebt
- ◯ unbedacht
- ◯ redegewandt
- ◯ unsensibel
- ◯ witzig
- ◯ mutig
- ◯ leichtfertig
- ◯ frech
- ◯ hilfsbereit
- ◯ ______________________
- ◯ ______________________

3. Welche Eigenschaften von David werden in den ersten sechs Kapiteln deutlich? Kreuze sie oben mit einer anderen Farbe an.

4. Ist David deiner Meinung nach als Klassensprecher geeignet? Begründe.

____

____

____

5. Aus welchen Gründen ist David wohl von seinen Mitschülern gewählt worden?

____

____

Ein geniales Jahr

Als sich Davids Eltern getrennt haben, ist seine Mutter mit ihm in eine andere Stadt gezogen. Nun ist David seit einem Jahr in der neuen Klasse.

1. Vor dem Umzug hatte David „Muffensausen“. Überlege, warum.

2. Wie hat sich David in dem ersten Jahr eingelebt? Was war wichtig für ihn? Begründe.

3. Notiere in Stichpunkten, worauf sich die Zitate aus den ersten drei Kapiteln beziehen.

Der Sommer war auf jeden Fall super und ich fühle mich total wohl hier.

Für die anderen dagegen wurde ich der King.

... war ein riesiges Glück für mich.

Ich bin stolz wie Oskar ...

4. Obwohl David noch nicht 13 Jahre alt ist, hat er einen Facebook-Account. Im 2. Kapitel meint er dazu: „Hätte ich nicht mitgezogen, wäre ich womöglich heute nicht so beliebt und auch nicht zum Klassensprecher gewählt worden.“ Nimm Stellung zu seiner Aussage.

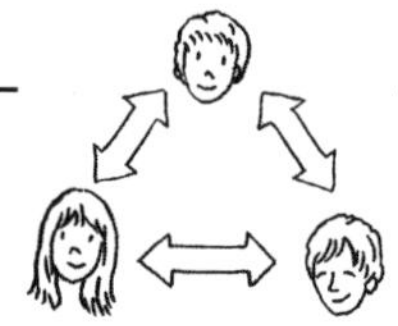

Alles nur Spaß?!?

Im 4. Kapitel wird geschildert, wie David mit dem Smartphone seinen Mitschüler Linus filmt, als er von einem Mädchen eine Abfuhr erhält. Später stellt David dieses Video bei Facebook online.

1. Lies das Kapitel noch einmal aufmerksam durch und überlege, wie sich Linus vermutlich fühlt und was er denken könnte.

a) Was geht Linus durch den Kopf, als er vor der Mädchentoilette auf Vanessa wartet?

b) Wie fühlt sich Linus, als er eine Abfuhr von ihr erhält?

c) Welche Gedanken beschäftigen ihn, als er später sieht, dass David ein Video von seinem Gespräch mit Vanessa bei Facebook online gestellt hat?

d) Wie wirken die Kommentare seiner Mitschüler zu dem Video auf Linus?

2. Versetze dich in Linus' Situation, nachdem er das Video und die Kommentare auf Facebook gesehen hat, und schreibe einen Tagebucheintrag in dein Heft. Gehe auf seine Gedanken und Gefühle ein und überlege, wie er sich in der Schule am besten verhalten sollte.

Liebes Tagebuch,
heute ist etwas sehr Peinliches passiert, das muss ich dir unbedingt erzählen. Du weißt ja, dass ich schon lange in Vanessa verliebt bin, aber mich nie getraut habe, sie anzusprechen …

Persönliche Gespräche führen

Wähle einen Aufgabenteil aus.

Aufgabenteil A

Im 5. Kapitel sagt David Sofia auf recht unsensible Art, dass sie ihn in Ruhe lassen soll.

1. Lies das Gespräch auf den Seiten 29 bis 31 noch einmal aufmerksam durch.

2. Hat sich David deiner Meinung nach gegenüber Sofia fair verhalten? Begründe deine Meinung.

____

____

3. Was hätte David deiner Meinung nach besser machen können, um Sofia weniger zu verletzen?

____

____

____

Aufgabenteil B

Im 6. Kapitel trennt sich Marie von ihrem Freund Paul, was dieser ihr sehr übel nimmt.

4. Lies das Gespräch auf den Seiten 36 und 37 noch einmal aufmerksam durch.

5. Hat sich Marie deiner Meinung nach gegenüber Paul fair verhalten? Begründe deine Meinung.

____

____

6. Was hätte Marie deiner Meinung nach besser machen können, um Paul weniger zu verletzen?

____

____

____

7. bis 14. Kapitel: Dunkle Wolken

Inhalt

(7) David ignoriert die private Nachricht auf Facebook, in der Paul ihn bedroht; die Freundschaftsanfrage des ihm unbekannten „Schillergirl Sieben“ nimmt er jedoch an. In der Schule sehen alle, dass Marie und David ein Paar sind. Mit Maries Zustimmung stellt David eines der Selfies, die sie nachmittags auf einer Parkbank am Ententeich gemacht haben, bei Facebook ein. Als er abends nach Hause kommt, teilt ihm seine Mutter weinend mit, dass sein Großvater einen Herzinfarkt erlitten habe und auf der Intensivstation liege.

(8) Während Davids Mutter zu den Großeltern fährt, um ihnen beizustehen, bleibt David auf sich allein gestellt zu Hause zurück. Am nächsten Morgen wirft ihm Marie in der Schule abfällige Blicke zu und auch andere bedenken ihn mit herabwürdigenden Gesten. Als Marie ihn wütend zur Rede stellen möchte, ist er völlig verwirrt und weiß nicht, wovon sie spricht. Erst als er sich in der Pause bei Facebook einloggt, stellt er fest, dass Schillergirl behauptet, er habe sie am Vorabend im Park in die Büsche gezerrt und sexuell bedrängt. Zwar bezweifeln einige Klassenkameraden die Vorwürfe, doch durch die Beiträge von Paul, Sofia und Schillergirl formiert sich schnell eine breite Front gegen David.

(9) David gelingt es, Marie davon zu überzeugen, dass Schillergirls Vorwürfe auf Facebook erfunden sind. Als er nach Hause kommt, ruft er Rafael an, um ihm zu seinem zehnten Geburtstag zu gratulieren. Rafael sitzt im Rollstuhl und ist ein Freund aus Davids alter Heimatstadt. Abends stellt David fest, dass eines der Schwimmbadfotos aus seiner Facebook-Chronik, auf dem er Marie und Annabel im Arm hält, von Schillergirl gepostet wurde und als Beweis für sein schamloses Verhalten gegenüber Mädchen herangezogen wird. Dies gibt erneut Anlass zu vielen abfälligen Kommentaren seiner Schulkameraden. Nur wenige versuchen, David zu helfen. Adrian gelingt es, das Foto in Davids Chronik zu löschen.

(10) Noch am gleichen Abend erhält David einen unerwarteten Anruf von Alex, dem Mathe- und Computerfreak der Klasse. Er möchte David Tipps für den Umgang mit den falschen Anschuldigungen im Netz geben. Er empfiehlt ihm, in Zukunft vor dem Löschen von Beiträgen immer einen Screenshot zu machen und abzuspeichern, damit er den Vorfall beweisen könne. David reagiert auf Alex’ Hilfsangebot allerdings sehr abweisend. Dennoch meldet sich Alex später nochmals via Facebook-Messenger und erklärt David, wie man unliebsame Posts auf der eigenen Facebook-Seite löschen kann und die Privatsphäre-Einstellungen bearbeiten muss, damit nicht mehr jeder Zugriff auf die eigene Seite hat. Obwohl ihn Alex’ ungebetene Tipps nerven, befolgt David nun seine Ratschläge.

(11) Nach dem Fußballtraining kommt es zum nächsten Zwischenfall: Davids Mitspieler Tim zieht ein rosa Spitzenhemdchen aus dessen Sporttasche hervor, sodass David zum Gespött der anderen wird. Am nächsten Morgen bekommt David kaum noch sein Frühstück hinunter. Er hat die letzten Nächte wenig geschlafen. In der Schule schließen sich mittlerweile auch Schüler der Parallelklasse dem lauten Gelächter und Gegröle an, sobald sie David sehen. Ein weiteres Foto von David, das im Zuge der „Schnee-Challenge“ entstanden ist und damals alle „cool“ fanden, dient als neuer Anlass, sich über David zu mokieren. Nach dem Unterricht fährt er mit Adrian zu Sofia, da sie vermuten, dass sie „Schillergirl“ sein könnte. Doch bringt sie das Gespräch nicht weiter. David nutzt aber die Gelegenheit, sich bei Sofia für sein unhöfliches Verhalten zu entschuldigen.

(12) David erwacht aus einem Albtraum, in dem er von Flammen umzingelt ist, die ihn zu verbrennen drohen. Auf seiner Facebook-Seite findet er erneut eine Schimpftirade, die er nun erst abspeichert und dann löscht. Als er erneut nachdenkt, wer sich hinter „Schillergirl“ verbergen könnte, fallen ihm immer mehr Leute ein, die er in der letzten Zeit verletzt hat und die sich deshalb vielleicht an ihm rächen möchten. Auf Maries Rat hin beginnt er, alle Fotos von sich aus seiner Facebook-Chronik zu löschen.

(13) Davids Mutter ist wieder zurück. Sie spricht ihn erschrocken darauf an, wie dünn und blass er geworden ist. Am nächsten Tag fahren sie gemeinsam übers Wochenende zu den Großeltern, um den Großvater im Krankenhaus zu besuchen. David wird bewusst, dass er nun nicht mehr der kleine Enkel ist, der von seinen Großeltern versorgt wird, sondern gebraucht wird, um sie zu unterstützen.

(14) Schillergirl hat ein Bild von David und Marie auf der Parkbank gepostet, in das jedoch anstelle von Marie ein anderes Mädchen hineinmontiert wurde. Außer David scheint aber keiner die Fotomontage zu bemerken. Stattdessen finden sich abfällige Posts unter dem Bild. Viele seiner Mitschüler beschimpfen ihn auch am nächsten Vormittag in der Schule. Marie ist ebenfalls wütend und glaubt ihm nicht mehr. Der Vertrauenslehrer, den David um Hilfe bitten möchte, ist krank. Als er mit Adrian vor dem Lehrerzimmer steht, werden sie von Robin, Paul und Benny bedroht, dass sie es bloß nicht wagen sollen, sich an

die Lehrer zu wenden. Auf Facebook geht die Hetze nun nicht mehr nur von „Schillergirl“ aus: Benny postet alte Bilder von David und kommentiert sie abfällig, und auch Robin stellt ein Video ein, auf dem David vom Fünf-Meter-Brett springt und beim Eintauchen ins Becken seine Badehose verliert. Als David versucht, Adrian anzurufen, weigert sich dieser, ans Telefon zu gehen, und lässt sich von seiner kleinen Schwester verleugnen.

Unterrichtsschwerpunkte

- Prüfung der Textkenntnis
- Entstehung von Gerüchten
- Umgang mit Facebook
- Davids Albtraum
- Davids Rolle in der Familie
- Rechtschreib-Profile und Redewendungen

Zu den Kopiervorlagen

KV Seite 31

Textdetektive

Diese Kopiervorlage dient der spielerischen Überprüfung der Textkenntnis Ihrer Schüler.

Lösung

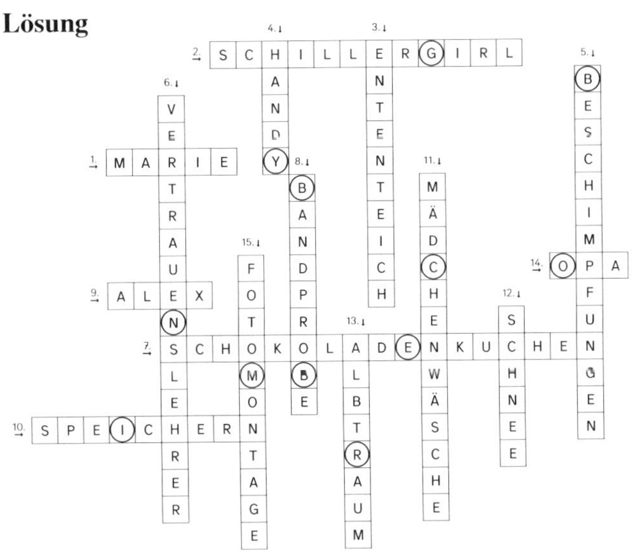

Lösungswort: CYBERMOBBING

KV Seite 32

Gerüchteküche

Ihre Schüler beschäftigen sich anhand dieser Kopiervorlage mit der Entstehung und Verbreitung von Gerüchten (Aufgabe 1). In den Aufgaben 2 und 3 werden die gewonnenen Erkenntnisse auf eine konkrete Situation im Roman (Schillergirls Behauptung, von David belästigt worden zu sein) übertragen. Die Schüler untersuchen, wie die Beteiligten auf das Gerücht reagieren, und hinterfragen, warum es zu einer solchen Reaktion kam. Es empfiehlt sich, auch darauf einzugehen, wie sich die Beteiligten tatsächlich eine fundierte Meinung zu dem verbreiteten Gerücht hätten bilden können.

Lösung

Aufgabe 1:

1. (neues) Gerücht entsteht
2. Gerücht wird verbreitet und weitererzählt
3. Betroffener wird nicht dazu befragt oder ihm wird nicht geglaubt
4. Meinungen bilden sich aufgrund von Unwahrheiten
5. Vorurteile werden verstärkt

Aufgabe 2:

Verbreitung des Gerüchts:

- Schillergirl postet eine Meldung darüber, dass David eklig und fies sei.
- Viele aus der Klasse reagieren darauf und fragen sie in ihren Kommentaren, was genau geschehen sei.
- Schillergirl verbreitet in ihren Antworten Lügen über David.

Reaktionen der Klassenkameraden:

- böse Kommentare auf Davids Facebook-Seite von Vanessa, Paul, Sofia, Mustafa, Sarah, die von Schillergirl noch weiter angestachelt werden
- böse Blicke von Marie in der Schule, sie fragt David kurz nach seiner Version der Ereignisse, gibt ihm aber keine Gelegenheit zu antworten
- abfällige Bemerkungen von Sofia, Vanessa, Paul
- drohende/beleidigende Gesten von Paul, Jonathan und Mustafa
- heftiger Stoß von Paul
- fast alle Klassenkameraden nehmen Schillergirls Anschuldigungen unreflektiert als wahr hin

Aufgabe 3:

- Davids Klassenkameraden gehen davon aus, dass Schillergirl eine ihrer Mitschülerinnen ist, die David dementsprechend persönlich kennt. Deshalb sind sie schnell bereit, Schillergirl zu glauben, und ergreifen für sie Partei, ohne David zu fragen, ob die Anschuldigungen stimmen.
- Einige von ihnen haben bereits am eigenen Leib erfahren, dass sich David anderen gegenüber nicht immer korrekt verhält. Auch dieser Umstand könnte dazu beitragen, dass sie den Anschuldigungen Schillergirls Glauben schenken.

- Die Tatsache, dass Schillergirl ihre Anschuldigungen gegenüber David auf Facebook erhebt, verhindert, dass Davids Mitschüler dessen Reaktion darauf direkt miterleben können. Dies macht es ihnen leichter, Schillergirl zu glauben. Sie bestätigen sich mit ihren geposteten Reaktionen und den dazu verfassten Kommentaren von Schillergirl gegenseitig in ihrer ablehnenden Reaktion. Dadurch kann sich diese Haltung festigen, bevor sie Davids Reaktion auf die Vorwürfe überhaupt zur Kenntnis nehmen. Später erschwert die vorgefertigte Meinung es, ihn noch nach seiner Sicht der Dinge zu fragen.

Aufgabe 4:
mögliche Antworten:
- David könnte jeden, der ihn beschimpft oder bedroht, fragen, warum er das tut. Das würde ihm womöglich die Gelegenheit geben, die Dinge klarzustellen.
- Er könnte auf Facebook einen Kommentar schreiben, in dem er klarstellt, dass die Anschuldigungen nicht stimmen.

KV Seite 33

Tatmotive

Die Schüler überlegen, wer sich hinter dem Profilnamen „Schillergirl Sieben" verbergen könnte, und stellen dabei zugleich ihre Textkenntnis unter Beweis. In Aufgabe 1 sammeln sie alle Informationen, die Hinweise auf die Identität Schillergirls geben. In Aufgabe 2 werden diese Informationen ergänzt, indem die Schüler sich Gedanken darüber machen, welcher der bisher vorgestellten Mitschüler Davids ein Motiv haben könnte, ihn zu verunglimpfen. Abschließend äußern sich die Schüler dazu, welchen der genauer unter die Lupe genommenen Klassenkameraden sie für den Täter halten. Hierbei kommen auch kombinatorische Fähigkeiten zum Tragen, da für eine begründete Vermutung der Abgleich aller bisher gesammelten Informationen nötig ist.

Lösung

Aufgabe 1:
- Der Profilname „Schillergirl" weist darauf hin, dass es sich um ein Mädchen handelt. (7. Kapitel, S. 39)
- Das Profilbild der Schule, auf die David geht, legt nahe, dass es sich um eine Mitschülerin aus der Schillerschule handelt. (7. Kapitel, S. 39)
- Sechs Schüler aus Davids Klasse und zwei aus der Parallelklasse haben Schillergirls Freundschaftsanfrage bereits vor David bestätigt. Das lässt darauf schließen, dass sie in die siebte Jahrgangsstufe der Schillerschule geht. (7. Kapitel, S. 39)
- Schillergirl schreibt, dass auch sie die Englischarbeit, die an diesem Tag in Davids Klasse geschrieben wurde, schwer fand. Das deutet darauf hin, dass es sich um eine Klassenkameradin von David handelt. (7. Kapitel, S. 39)
- Auch Schillergirl ist der Meinung, dass die Schultoiletten dringend renoviert werden müssten. Dies untermauert die Vermutung, dass es sich bei ihr um eine Mitschülerin aus der Schillerschule handelt. (7. Kapitel, S. 39)
- Die Anschuldigungen Schillergirls gegen David lassen den Schluss zu, dass die beiden sich persönlich kennen. Auch diese Information erhärtet den Verdacht, dass sie eine Mitschülerin von ihm ist. (8. Kapitel, S. 50–51)
- Alex Ander fragt Schillergirl in einem Kommentar, wer sie eigentlich sei. Darauf möchte sie zwar nicht antworten, sagt aber, dass er sie kenne. Diese Aussage bestätigt wiederum die Vermutung, dass Schillergirl in der gleichen Jahrgangsstufe oder Klasse ist. (8. Kapitel, S. 51)

Aufgabe 2:
- Pascal: Wegen David ist er nicht wieder zum Klassensprecher gewählt worden.
- Musti: David hat ihm seinen Rang als Torschützenkönig und bester Spieler abgelaufen.
- Linus: David hat ihn mit der Veröffentlichung des Videos bloßgestellt.
- Paul: David hat ihm seine Freundin „weggenommen".
- Sofia: David hat ihr (vor aller Augen) eine Abfuhr erteilt.
- Nayla: David hat sich auf Facebook über ihre Kleidung lustig gemacht.

Aufgabe 3:
individuelle Lösung
(Es ist wahrscheinlich, dass sich die Schüler zu diesem Zeitpunkt der Lektüre entweder für Sofia oder für Nayla als Täterinnen aussprechen werden, da alle bisherigen Hinweise – Infos zur Person, Facebook-Beiträge und vor allem der gewählte Profilname „Schillergirl Sieben" – eher auf ein Mädchen hinweisen. Doch es besteht auch die Möglichkeit, dass einige Schüler die Tatsache der Anony-

mität thematisieren und darauf hinweisen, dass im Internet eben auch die geschlechtliche Identität verborgen werden kann.)

KV Seite 34

Gewusst wie

Viele Ihrer Schüler werden bereits erste Erfahrungen mit Facebook gesammelt haben, unter Umständen auch negative. Basierend auf den Ratschlägen von Alex im 10. Kapitel erstellen die Schüler eine Checkliste, was zu tun ist, wenn jemand falsche Behauptungen über Facebook verbreitet oder eigenmächtig Bilder postet. (In der Rubrik „Kreativ aktiv" finden Sie unter „Internetrecherche/Infowand" weitere Anregungen zu diesem Thema.)

Lösung

Aufgabe 2:

Alex ist selbst schon einmal Opfer von Cybermobbing gewesen und weiß daher, wie schwierig die Situation für David ist bzw. noch werden kann, wenn er nicht direkt etwas dagegen unternimmt.

Aufgabe 3:

1. Screenshot des unerwünschten Posts als Beweismittel erstellen
2. Konversationen zu diesem Post abspeichern
3. unerwünschten Post in der eigenen Chronik verbergen
4. unerwünschten Post ggf. löschen
5. Erwachsene informieren und sich Hilfe holen

Aufgaben 4 und 5:

Eltern, ältere Geschwister, Lehrer (Klassenlehrer, Vertrauenslehrer), Polizei …

KV Seite 35

Die Sache mit der Schnee-Challenge

Im Verlauf der Lektüre kommt es mehrfach vor, dass Fotos von Davids Facebook-Chronik, die früher alle lustig fanden und zu Davids Beliebtheit beitrugen, nun von (fast) allen negativ bewertet werden, nachdem Schillergirl sie gepostet und mit entsprechenden Kommentaren versehen hat. Mithilfe dieser Kopiervorlage beschäftigen sich Ihre Schüler genauer mit diesem Phänomen. Sie schlüpfen schließlich in die Rolle eines Beschützers (vgl. Kopiervorlage auf Seite 10) und äußern sich zu dieser Entwicklung.

Lösung

Aufgabe 1:

Challenge heißt so viel wie „Herausforderung". Im Kontext der sozialen Netzwerke bedeutet Challenge, dass jemand sich eine ungewöhnliche Aktion ausdenkt, sie selbst durchführt und anschließend andere Personen „nominiert", die diese Aktion ebenfalls zeitnah durchführen sollen. Eine besonders große Verbreitung fand beispielsweise die Ice Bucket Challenge, die ursprünglich als Spendenkampagne gedacht war.

Aufgabe 2:

David wollte gerade als Neuling in der Klasse kein Spielverderber sein. Vermutlich dachte er auch, sich durch die Teilnahme an der Challenge „cool" und witzig darstellen zu können.

Aufgabe 3:

mögliche Gründe:

- Die meisten Klassenkameraden sind gegenüber David voreingenommen, sie haben Vorurteile aufgrund der Gerüchte, die bereits über ihn kursieren (angebliche Belästigung, Freibadfoto, Mädchenwäsche).
- Die Stimmung ist gegen David gerichtet, er ist zur allgemeinen Zielscheibe des Spotts geworden.
- Es gibt genug Klassenkameraden, gegenüber denen sich David unfair verhalten hat und die nun die Gelegenheit nutzen, sich an ihm zu rächen.

Aufgabe 4:

individuelle Lösung

KV Seite 36

Bedrohliche Flammen

Ihre Schüler setzen sich mit dem im Roman verwendeten Bild der Flammen auseinander, die David in seinem Albtraum heimsuchen. Sie hinterfragen die Bedeutung des Bildes und übertragen die entsprechende Textstelle auf Davids aktuelle Situation. Indem sie sich mit dem Bild der Flammen beschäftigen, wird die starke Bedrohung, die David durch das Mobbing erlebt, für die Schüler nachvollziehbarer und sie können größere Empathie entwickeln.

In Aufgabe 4 sind die Schüler dazu aufgefordert, in den bisher gelesenen Kapiteln nach Anhaltspunkten zu suchen, die Rückschlüsse auf die Ursachen dieses Albtraums zulassen. So wird die Aufmerksamkeit der Schüler auf einen wunden Punkt in Davids Vergangenheit gelenkt, der als Spannungselement herausgearbeitet werden kann. Die genauen Umstände werden erst im 16. Kapitel aufgedeckt.

Lösung

Aufgabe 2:

Die Flammen, die in Davids Traum auf ihn zeigen, wispern, drohen, immer näher kommen und nach ihm greifen, können auch für Schillergirl und seine Mitschüler stehen, die ihn in den letzten Tagen mit ihren Anschuldigungen und Beschimpfungen immer weiter in die Defensive gedrängt haben.

Aufgabe 3:
mögliche Lösung:
Ich stehe auf dem Schulhof in einer Ecke. Viele werfen mir schiefe Blicke zu. Einige zeigen sogar mit dem Finger auf mich, während sie sich wispernd unterhalten. Langsam werden ihre Stimmen lauter, ich kann einzelne Gesprächsfetzen hören: „Widerlicher Kerl!", „So ein Perverser!", „Das hätte ich ihm nie zugetraut!" ... Plötzlich taucht eine schemenhafte Mädchengestalt auf, kommt auf mich zu und hält mir verschiedene Fotos vors Gesicht. Langsam nähern sich auch andere. Sie kommen immer näher, bilden schließlich einen engen Kreis um mich. Ihre gezischten Beschimpfungen werden immer lauter und sind schließlich ohrenbetäubend. Keiner hört meine verzweifelten Erklärungsversuche, niemand interessiert sich für meine Sicht der Dinge. Starke Hände packen mich, schütteln mich, halten mich fest. Ich sitze in der Falle!

Aufgabe 4:
Anhaltspunkte sind die vagen Andeutungen zur „Sache mit dem Schuppen" (S. 14, 27, 58). Sie weisen auf einen wunden Punkt in Davids Vergangenheit hin und könnten etwas mit dem Albtraum zu tun haben.

KV Seite 37

Veränderte Umstände
Ihre Schüler setzen sich anhand dieser Kopiervorlage intensiver mit der familiären Situation Davids auseinander. Es bietet sich an, die Vorüberlegungen in den Aufgaben 1 bis 3 im Plenum oder in Kleingruppenarbeit gemeinsam durchzugehen.

Für die Arbeit in Kleingruppen mit vier Schülern eignet sich besonders die „Platzdeckchen"- oder „Placemat"-Methode, bei der auf einem gemeinsamen Arbeitsblatt von jedem Gruppenmitglied zunächst in Einzelarbeit Ergebnisse festgehalten werden und dann im zweiten Schritt eine gemeinsame Arbeitsgrundlage herausgearbeitet wird.

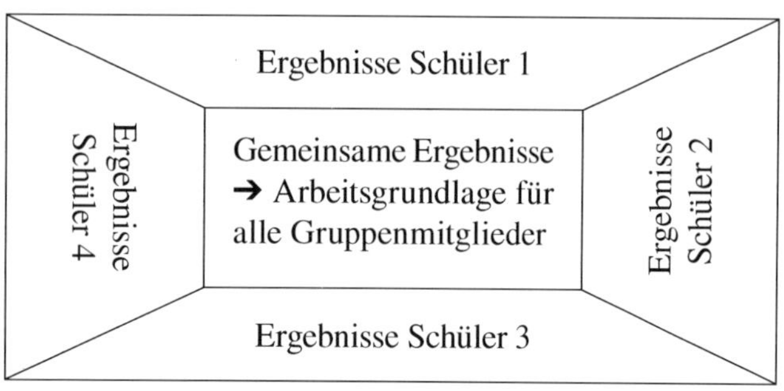

Bevor die Schüler Aufgabe 4 bearbeiten, empfiehlt es sich zu klären, was ein innerer Monolog ist und auf welche Merkmale bei der Fortführung des Monologs zu achten ist.

Bei Aufgabe 5 kann es hilfreich sein, dass die Texte nicht von ihrem eigentlichen Verfasser, sondern jeweils „anonym" von einem anderen Schüler vorgelesen werden. Dies ermöglicht es den Schülern, die Texte tatsächlich unvoreingenommen zu bewerten. Auch ein Gallery Walk bietet sich zur Präsentation der Arbeitsergebnisse an.

Lösung
Aufgabe 1:
Im Gegensatz zu früher ist David nun gefordert, gegenüber seinen Großeltern Verantwortung zu übernehmen. Er muss ihnen helfend zur Seite stehen und erfährt, dass seine Anwesenheit und Unterstützung gebraucht wird. Dadurch fühlt er sich wichtig.

Aufgabe 2:
Gerade jetzt, als er in der Schule und auf Facebook immer weiter ins Abseits gedrängt wird und sich sehr hilflos fühlt, tut es ihm gut, gebraucht zu werden und zu erfahren, dass seine Hilfe geschätzt wird. Auch im Hinblick auf seinen abwesenden und wenig interessierten Vater ist es naheliegend, dass der Großvater für David eine wichtige männliche Bezugsperson geworden ist, deren Urteil ihm etwas bedeutet.

Aufgabe 3:
Nachdem Davids Vater eine neue Arbeit gefunden hatte, nahm er sich im Gegensatz zu früher kaum noch Zeit für seinen Sohn. Auch die Streitigkeiten der Eltern und ihre Trennung können dazu geführt haben, dass sie mehr mit sich zu tun hatten und sich nicht so sehr um David kümmerten.

Aufgabe 4:
individuelle Lösung

KV Seite 38

Rechtschreib-Profile
Ihre Schüler erproben ihre Kenntnisse im Bereich Rechtschreibung und Zeichensetzung, indem sie die Facebook-Kommentare von Davids Klassenkameraden kritisch prüfen und Rechtschreib-Profile erstellen. In Aufgabe 2 setzen sie sich mit den Besonderheiten des Verfassens von Texten in sozialen Netzwerken auseinander, wobei die zuvor konstatierten Auffälligkeiten als Anhaltspunkte dienen können.

Es sind nicht zuletzt seine spezifischen Rechtschreibfehler, die Linus später als „Schillergirl" entlarven. Darauf sollte jedoch an dieser Stelle, um die Spannung zu erhalten, noch nicht ausführlicher eingegangen werden.

Lösung
Aufgabe 1:
Mustafa Musti (Ergänzung)
- Art der Fehler/Auffälligkeiten: fehlender Artikel, fehlendes Satzschlusszeichen
- Beispiel: du bist mir voll in ellenbogen gerannt (S. 20)
- Tipps: Nomen werden in der Regel mit Artikel geschrieben, am Ende eines Satzes wird ein Satzschlusszeichen gesetzt.

Linus Müller
- Art der Fehler/Auffälligkeiten: Kommasetzung und Konjunktion „dass"
- Beispiel: Sicher das es ein Foul war? (S. 20)
- Tipps: Vor einer Konjunktion, die einen Nebensatz einleitet, muss ein Komma stehen. Die unterordnende Konjunktion „dass" schreibt man mit „ss".

Van Essa
- Art der Fehler/Auffälligkeiten: Groß- und Kleinschreibung, Umgangssprache, Dialekt, fehlendes Satzschlusszeichen
- Beispiel: mann echt! was bildet der sich ein? der tickt doch net richtig (S. 51)
- Tipps: Satzanfänge schreibt man groß, am Ende eines Satzes wird ein Satzschlusszeichen gesetzt.

Schillergirl Sieben
- Art der Fehler/Auffälligkeiten: Kommasetzung und Konjunktion „dass"
- Beispiel: Hier ist der Beweis das ich die Wahrheit gesagt habe! (S. 90)
- Tipps: Vor einer Konjunktion, die einen Nebensatz einleitet, muss ein Komma stehen. Die unterordnende Konjunktion „dass" schreibt man mit „ss".

Robin Zett
- Art der Fehler/Auffälligkeiten: Groß- und Kleinschreibung, Kommasetzung nach Anrede, fehlendes Satzschlusszeichen
- Beispiel: he schillergirl lass mehr hören. das turnt mich an (S. 51)
- Tipps: Satzanfänge und Eigennamen werden großgeschrieben, nach einer Anrede folgt ein Komma, am Ende eines Satzes wird ein Satzschlusszeichen gesetzt.

Aufgabe 2:
Im Rahmen des Deutschunterrichts versteht es sich von selbst, die erlernten Regeln der Rechtschreibung, Zeichensetzung und Grammatik einzuhalten. Man befindet sich in einem „offiziellen" Rahmen und kommuniziert dementsprechend. Im Gegensatz dazu werden Beiträge in sozialen Netzwerken wie Facebook oder in Nachrichtenchats wie WhatsApp überwiegend im privaten Kontext verfasst. Dort ist es mittlerweile weit verbreitet, sich nicht oder nur bedingt an die bestehenden Regeln zu halten und meist elliptische Sätze zu formulieren. Es geht vor allem darum, seine Meinung möglichst kurz und schnell für einen ganz bestimmten Adressatenkreis zu formulieren. Dies führt dazu, dass verstärkt Umgangssprache, Dialekt und spezielle Abkürzungen verwendet werden. Darüber hinaus werden Emoticons gezielt dazu eingesetzt, einem „eingeweihten" Leserkreis seine Eindrücke und Gefühle zu veranschaulichen, ohne viele Worte machen zu müssen.

KV Seite 39

Verdrehte Redewendungen

Dass Adrian ein humorvoller Mensch ist, kommt insbesondere durch seine eigenwillige Art, Redewendungen abzuwandeln, zum Ausdruck. Mit dieser Kopiervorlage werden Ihre Schüler für diese Sprachspiele sensibilisiert und dazu angeregt, selbst kreativ mit Sprache umzugehen.

Lösung
Aufgabe 1:
„Ich hab 'nen riesen Krautdampf!" – Ich hab Kohldampf!
„Da ist ja echt die Kacke am Überkochen!" – Da ist die Kacke am Dampfen!
„Irgendwer will dir an die Kapuze." – Dir will jemand an den Kragen.
„Halt die Ohren spitz!" – Halt die Ohren steif!
„Jetzt geht's ums Würstchen." – Jetzt geht's um die Wurst.

Aufgabe 2:
„Ach du grüne Achte!" (S. 71) – Ach du grüne Neune!
„... die Sache verpfeffern!" (S. 92) – jemandem die Suppe versalzen

Aufgabe 3:
individuelle Lösung

Gesprächs- und Schreibanlässe

Der gute Ton
Im 11. Kapitel wollen David und Adrian herausfinden, ob Sofia hinter dem Facebook-Account „Schillergirl" steckt. Dabei gehen die beiden nicht gerade sensibel und höflich vor. Schreibt dieses Gespräch so um, dass alle drei Beteiligten respektvoll miteinander umgehen, in Ruhe erklären, worum es geht, und ihre Meinung (und Gefühle) äußern.

Funkstille

Am Ende des 14. Kapitels weigert sich Adrian, mit David zu sprechen. Sammelt mögliche Gründe für diese Weigerung und diskutiert die Ergebnisse in der Klasse.

Kreativ aktiv

„Ehekrach"

Im 14. Kapitel kommt es wegen der Fotomontage, die Schillergirl auf Facebook gepostet hat, zu einem Streit zwischen Marie und David. Schlüpft in die Rolle von Vermittlern, die David und Marie helfen, einander besser zu verstehen. Dazu sucht ihr euch zunächst eine der beiden Romanfiguren aus und sammelt alle Punkte, die es der anderen erleichtern können, ihre Gefühle und Reaktionen nachzuvollziehen.

Spielt dann die Szene mit vier Schülern nach. „David" und „Marie" sprechen den Text aus dem Buch, die beiden Vermittler unterbrechen immer wieder und erklären für ihren „Schützling", was ihn bewegt und was er eigentlich sagen wollte.

Fotomontagen

Fotos lassen sich mithilfe von Bildbearbeitungsprogrammen sehr leicht fälschen. Probiert selbst aus, wie einfach es geht, und erstellt eine Fotomontage, indem ihr beispielsweise zusammen mit eurem IT-Lehrer das Grafikprogramm GIMP dazu benutzt.

Mobbingschaubild

Überlegt, welche Romanfiguren im 14. Kapitel welche Mobbingrollen übernehmen. Tragt eure Ergebnisse in die freien Textfelder eures vor Beginn der Lektüre erstellten Schaubilds zur „Rollenverteilung beim Mobbing" ein.

Rollenverteilung in der Mobbingsituation im 14. Kapitel:

- Täter: Schillergirl
- Mitläufer/Unterstützer: alle, die abfällige Kommentare zu den geposteten Fotos sowie dem Sprungbrett-Video verfasst oder geäußert haben
- Opfer: David
- gleichgültige Beobachter: alle, die die Fotos sowie das Video gesehen und die Kommentare gelesen haben, aber nichts dazu sagen
- mögliche Beschützer: (Alex)
- Beschützer: Adrian (am Ende des 14. Kapitels distanziert er sich allerdings von David)

Internetrecherche/Infowand

Führt auf den Internetseiten der Kinder- und Jugendzeitschriften *Dein Spiegel* oder *Geolino* eine Recherche zu den Themen „Facebook" und „Smartphone" durch.

Gestaltet anschließend in eurem Klassenzimmer (oder an zentraler Stelle im Schulgebäude) eine Infowand zu den beiden Themen, indem ihr wichtige Gedanken und Informationen aus interessanten Artikeln zusammenfasst, eigene Schaubilder und Infokarten daraus erstellt, eine Checkliste oder einen Leitfaden zum sicheren Umgang mit Facebook zusammenstellt etc.

Textdetektive

Hast du das 7. bis 14. Kapitel aufmerksam gelesen? Trage die Antworten in Großbuchstaben ein. Um das Lösungswort zu finden, musst du die umkreisten Buchstaben in die richtige Reihenfolge bringen.

1. An wen denkt David in der Nacht nach Annabels Party?
2. Wer schickt David eine Freundschaftsanfrage?
3. Wo verbringen David und Marie den ersten gemeinsamen Vormittag?
4. Was steckt Annabel schnell in die Tasche, als der Lehrer in die Klasse kommt?
5. Davids Klassenkameraden reagieren auf Schillergirls Verleumdungen bei Facebook mit ...
6. An wen können sich Schüler wenden, wenn sie Probleme haben und Hilfe brauchen?
7. Welchen Kuchen bekommt Rafael zum Geburtstag?
8. Was verpasst Adrian unter keinen Umständen?
9. Wer bietet David am Telefon seine Hilfe an?
10. Was sollte David immer tun, bevor er falsche Anschuldigungen bei Facebook löscht?
11. Was zieht Tim nach dem Fußballtraining aus Davids Tasche?
12. Kurz vor Weihnachten hat David an einer ...-Challenge auf Facebook teilgenommen.
13. Wodurch wird David nachts immer wach?
14. Wen besucht David im Krankenhaus?
15. Das Foto, das Schillergirl von David und dem braunhaarigen Mädchen postet, ist eine ...

Lösungswort: ____________

Gerüchteküche

Gerüchte sind Behauptungen, die meist nur auf vagen Vermutungen oder falschen Anschuldigungen beruhen. Dennoch verbreiten sie sich oft sehr rasch.

1. Überlege, warum sich Gerüchte so leicht verbreiten und welche Auswirkungen sie haben können. Fülle dazu die fehlenden Punkte im Kessel mithilfe der folgenden Stichpunkte aus.

Vorurteile werden verstärkt – Meinungen bilden sich aufgrund von Unwahrheiten – Gerücht wird verbreitet und weitererzählt – Betroffener wird nicht dazu befragt oder ihm wird nicht geglaubt – (neues) Gerücht entsteht

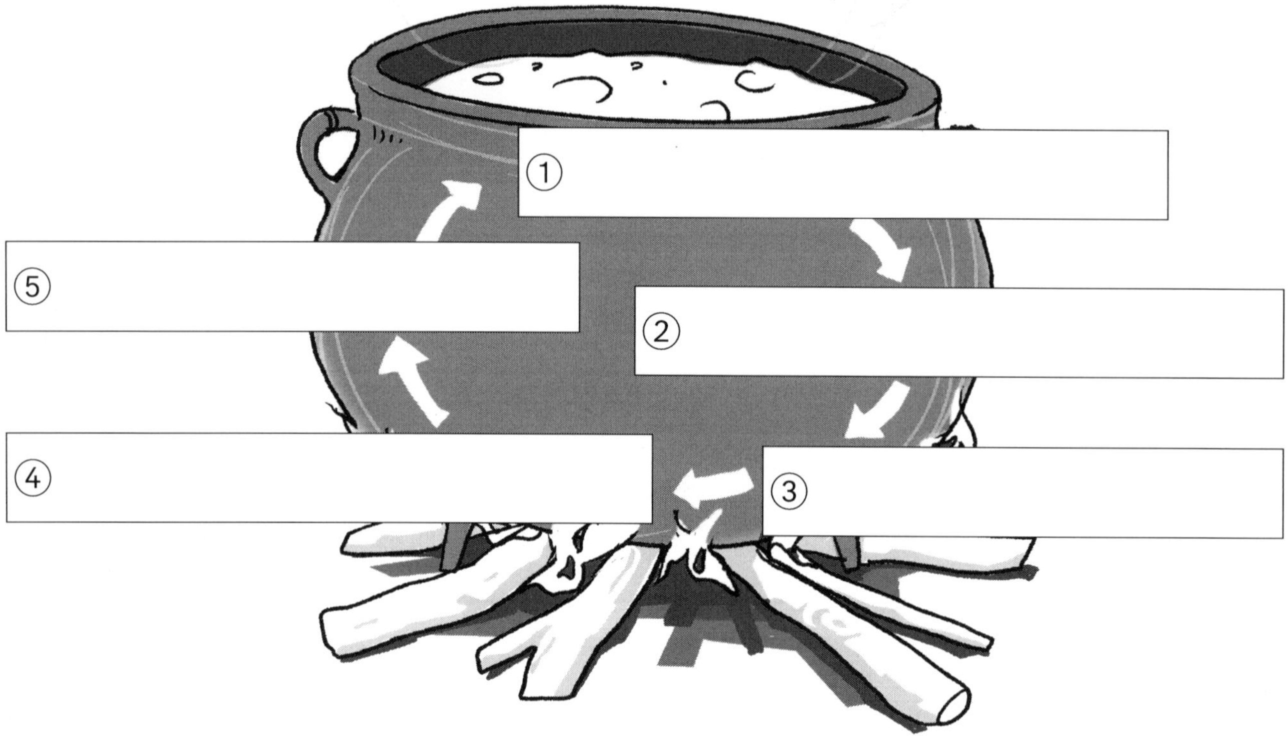

Im 8. Kapitel streut Schillergirl ein Gerücht über David. Sie behauptet, er habe sie im Park in die Büsche gezerrt, sie zum Zungenkuss gezwungen und ihr unter das T-Shirt gefasst.

2. Wie hat sich dieses Gerücht verbreitet und wie reagieren Davids Klassenkameraden darauf?

____

____

____

3. Wie sind die Reaktionen der Klassenkameraden zu erklären? Diskutiert in der Klasse.

4. Was könnte David unternehmen, um das Gerücht zu entkräften?

____

Tatmotive

Im 9. Kapitel verunglimpft Schillergirl David erneut, indem sie ein harmloses Foto als „Beweis" für sein Fehlverhalten anführt. Viele Klassenkameraden pflichten ihr bei und beteiligen sich an den Beleidigungen. Gemeinsam mit Adrian überlegt David, wer sich hinter Schillergirl verbergen könnte. Was vermutest du?

1. Sammle alle Hinweise, die du zu der Identität von Schillergirl finden kannst, und stelle eine erste Theorie auf, was für eine Person sich hinter diesem Nickname verbergen könnte.

2. Welche Motive, David zu verunglimpfen, könnten die unten genannten Mitschüler haben?

Pascal:

Musti:

Linus:

Paul:

Sofia:

Nayla:

3. Gleiche alle Informationen über Schillergirls Identität mit den möglichen Tatmotiven ab. Welcher Mitschüler Davids ist deiner Meinung nach der Täter? Begründe deine Entscheidung.

Gewusst wie

Adrian unterstützt David tatkräftig dabei, gegen die Verleumdungen von Schillergirl vorzugehen. Auch von ganz unerwarteter Seite erhält David Hilfe: Alex, der Computerfreak seiner Klasse, gibt ihm wertvolle Hinweise, wie er sich zukünftig bei Angriffen auf Facebook verhalten soll.

1. Lies die Seiten 62 bis 64 noch einmal aufmerksam durch.

2. Warum will Alex David helfen, obwohl sich David ihm gegenüber abweisend verhält?

____

____

3. Trage alle Tipps, die Alex für David parat hat, in die Checkliste ein. Beachte dabei eine sinnvolle Reihenfolge.

Checkliste: Wie verhalte ich mich bei Angriffen auf Facebook?

1. ____
   ____
2. ____
   ____
3. ____
   ____
4. ____
   ____
5. ____

4. An welche Person(en) würdest du dich wenden, falls du einmal ähnliche Probleme wie David in einem sozialen Netzwerk haben solltest?

____

____

5. Diskutiert in der Klasse und ergänzt in Aufgabe 4 weitere Personen, die euch helfen könnten.

Die Sache mit der Schnee-Challenge

Im Winter hat David bei einer Challenge seiner neuen Klasse mitgemacht. Adrian hat ihn als „Schnee-Engel“ in Unterhose fotografiert und David hat das Foto auf Facebook veröffentlicht.

1. Erkläre, was eine „Challenge“ ist.

____

____

2. Warum hat David bei der Schnee-Challenge mitgemacht?

____

____

3. Wie kommt es deiner Meinung nach dazu, dass ein Foto, das im Winter alle lustig fanden, nun bewirkt, dass David beschimpft und als „pervers“ bezeichnet wird?

____

____

____

4. Schlüpfe in die Rolle eines Beschützers von David und unterstütze ihn in einem Kommentar auf Facebook.

____

____

____

____

____

____

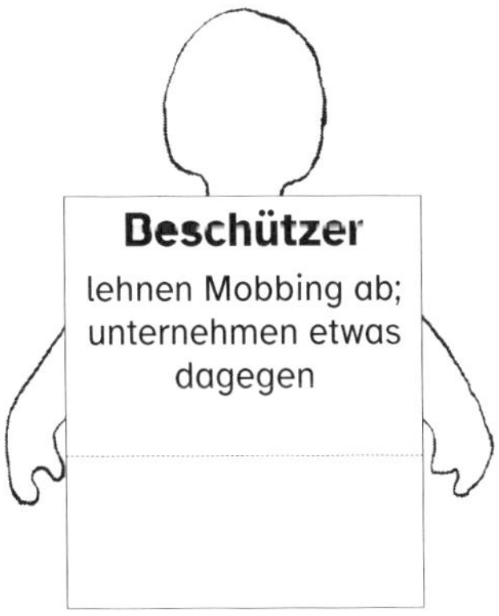

5. Stellt eure Kommentare in der Klasse vor und stimmt ab, welche Option ihr jeweils wählen würdet.

Gefällt mir   Kommentieren   Teilen

Bedrohliche Flammen

Das 12. Kapitel beginnt mit folgenden Worten:

Zu Hause bin ich nicht mehr in der Lage, mir etwas zu essen in den Ofen zu schieben. Ich streife die Schuhe von den Füßen und lasse mich aufs Bett fallen.
Dann plötzlich flackert es vor meinen Augen: Feuer! Es brennt! Ich bin umzingelt von tausend Flammen! Sie zeigen auf mich, wispernd, drohend, kommen näher und näher, greifen nach mir. Hilfe! Ich sitze in der Falle! Ich verbrenne!
Schweißgebadet wache ich auf. Zum ersten Mal seit Langem hatte ich wieder diesen Traum. [...]

1. Male Davids Traum auf ein separates Blatt.

2. Welche Bedeutung könnten die Flammen aus Davids Traum haben? Berücksichtige seine aktuelle Situation in der Schule.

3. Schreibe Davids Traum so um, dass er nicht mehr das Bild der Flammen enthält, sondern sich auf seine aktuelle Situation bezieht.

4. David kennt diesen Traum schon von früher. Gibt es in den vorherigen Kapiteln Hinweise auf etwas, das früher unangenehm oder bedrohlich für ihn war?

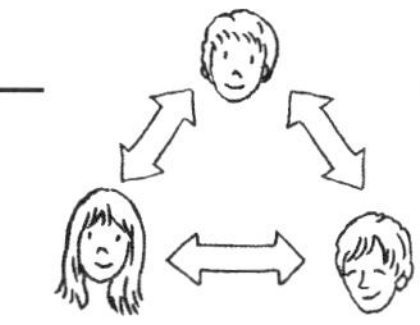

Veränderte Umstände

Im 13. Kapitel kann David endlich seinen Großvater im Krankenhaus besuchen.
Auf Seite 87 heißt es:

Die beiden Tage bei meinen Großeltern sind so anders als früher. Plötzlich bin ich der Starke, der Omas Rollstuhl schiebt und Opa aus dem Bett hilft, und nicht mehr der kleine Enkel, der versorgt und bespaßt wird. Das fühlt sich ungewohnt an. Ich komme mir wichtig vor und das tut gut.

1. Welche Umstände führen dazu, dass David sich im Kreise seiner Familie nun wichtig fühlt?

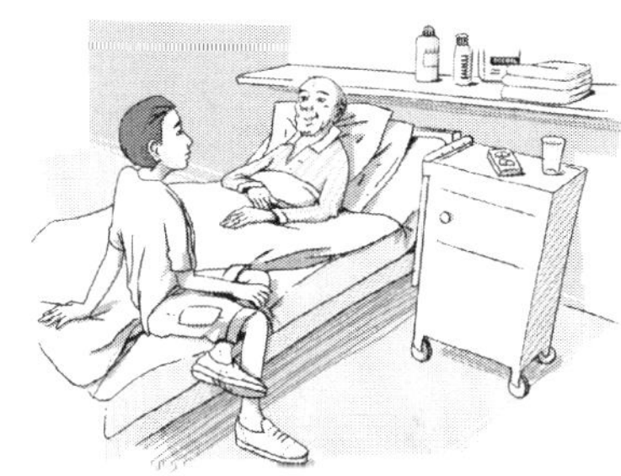

2. Warum tut es ihm gut, wichtig zu sein?

3. Welche Vorkommnisse in seiner Familie könnten dazu geführt haben, dass er sich früher unwichtiger und von seinen Eltern vielleicht sogar ungeliebt fühlte?

4. Versetze dich in Davids Lage und führe seinen inneren Monolog von Seite 87 fort.

Innerer Monolog
Der innere Monolog ist eine besondere Form des Erzählens. Der Leser erfährt die Gedanken einer Figur und hat teil an ihrem inneren Selbstgespräch. Der innere Monolog ist daher in der Ich-Form geschrieben.

5. Stellt einander eure Texte vor und diskutiert darüber, welcher euch am besten gefällt. Begründet eure Meinung.

Rechtschreib-Profile

Bestimmt ist dir schon aufgefallen, dass es bei den Facebook-Einträgen im Buch eine Menge Rechtschreib- und Zeichensetzungsfehler gibt.

1. Schau dir die Einträge auf den Seiten 20 und 21, 50 bis 52 und 90 an und erstelle für folgende Schüler ein Rechtschreib-Profil.

Schüler	Art der Fehler / Auffälligkeiten	Beispiele	Tipps
Mustafa Musti	Groß- und Klein-schreibung ...	„nix foul" (S. 20) ...	Nomen und Satzanfänge werden großgeschrieben. ...
Linus Müller			
Van Essa			
Schillergirl Sieben			
Robin Zett			

2. Warum wird in Facebook-Kommentaren und anderen sozialen Netzwerken häufig anders geschrieben, als du es aus dem Deutschunterricht kennst? Welche Besonderheiten gibt es?

Verdrehte Redewendungen

Davids bester Freund Adrian ist nicht nur leidenschaftlicher Schlagzeugspieler, sondern hat auch die Eigenart, Redewendungen zu verändern.

1. Weißt du, welche Redewendungen sich hinter seinen Kreationen verbergen? Schreibe sie richtig auf.

Ich hab 'nen riesen Krautdampf!

____

____

Da ist ja echt die Kacke am Überkochen!

____

____

Jetzt geht's ums Würstchen.

____

____

Halt die Ohren spitz!

____

____

Irgendwer will dir an die Kapuze.

____

____

2. Suche zwei weitere Beispiele im Buch und schreibe die übliche Redewendung dazu.

______________________ → ______________________

______________________ → ______________________

3. Formuliere selbst zwei Redewendungen um.

______________________ → ______________________

______________________ → ______________________

15. bis 19. Kapitel: Eskalation und Rettung

Inhalt

(15) Als David am nächsten Morgen in die Schule kommt, sitzt Adrian demonstrativ neben Linus, und Marie beschimpft ihn heftig. David kann sich ihr Verhalten nicht erklären. In der Pause zerren ihn Robin, Elias, Benny, Jonathan und Yusuf in die Jungentoilette und drücken seinen Kopf in eine Kloschüssel. Immer wieder betätigen sie die Spülung, bis David kaum noch Luft bekommt, und filmen das Ganze per Handy. Als ein Neuntklässler die Jungentoilette betritt, lassen sie von David ab. Aus Angst vor weiteren Angriffen lehnt David jede darüber hinausgehende Hilfe vehement ab. Er schleicht sich aus der Schule, flüchtet weinend in den Wald, stürzt vom Rad und verletzt sich am Daumen. Seiner besorgten Mutter erzählt er lediglich, Marie habe mit ihm Schluss gemacht. Seine Mutter erlaubt ihm, ausnahmsweise am nächsten Tag nicht in die Schule zu gehen.

(16) Abends findet David auf Facebook das Video von der Attacke in der Jungentoilette. Ein Bild unter der Überschrift „Die mickrige Wahrheit über meinen ehemaligen Freund", das auf seiner Seite gepostet wurde, trifft ihn jedoch viel mehr. Es zeigt Adrian nackt in der Badewanne. David hatte dieses Foto vor längerer Zeit aus Spaß gemacht und – trotz Adrians ausdrücklicher Aufforderung – vergessen, es zu löschen. David bemerkt, dass das Bild zu einem Zeitpunkt auf seiner Seite gepostet wurde, als er beim Fußballtraining war und seine Tasche samt eingeschaltetem Handy in der Umkleidekabine stand. Außerdem entdeckt er, dass jemand in seinem Namen via WhatsApp mit Marie Schluss gemacht hat. Verzweifelt schreibt er beiden eine Nachricht, dass er mit den Posts vom Vortag nichts zu tun habe. Als er seinen Verdacht, dass Paul sich hinter Schillergirl verbirgt, auf Facebook kundtun will, stößt er auf einen knapp zwei Jahre alten Zeitungsartikel, den Schillergirl geteilt hat. Darin wird berichtet, dass David in seiner alten Heimatstadt an Silvester mit einem Böller eine Hütte in Brand gesteckt hat. In der Hütte stand auch Rafaels nagelneuer Schlitten und verbrannte. Diesen Vorfall hatte David seinen neuen Freunden gegenüber nie erwähnt.

(17) Am nächsten Morgen wird David durch den Telefonterror seiner Klassenkameraden gequält. In seiner Verzweiflung versucht er vergeblich, seinen Vater zu erreichen. Seine Mutter möchte er nicht ins Vertrauen ziehen, da sie sich schon um die Großeltern kümmern muss. Er versucht, sich im Internet über das Thema „Cybermobbing" zu informieren, wird dabei aber von seiner besorgten Mutter abgelenkt. Am nächsten Tag geht der Spießrutenlauf in der Schule weiter. Nach der Pause findet David einen Zettel mit der Aufforderung, abends um neun allein zur Fischerhütte im Wald zu kommen. David nimmt all seinen Mut zusammen und beschließt, zu diesem Treffen zu fahren, da er befürchtet, dass sonst Marie etwas passieren könnte.

(18) Heimlich schleicht David sich aus dem Haus und macht sich mit seinem Fahrrad auf den Weg zur Fischerhütte. Zunächst scheint niemand da zu sein, doch dann wird David von einem hellen Lichtstrahl geblendet und brutal zusammengeschlagen. Als nach einiger Zeit eine Polizeisirene ertönt, ziehen sich die Angreifer zurück und David hört die Stimmen von Marie, Adrian, Pascal und Alex, der einen Notarzt gerufen hat. Kurz darauf fällt David in Ohnmacht.

(19) David liegt mit zahlreichen Blessuren im Krankenhaus, wo ihn Adrian, Marie, Pascal und Alex besuchen. Später erscheint auch Linus und gibt zu, dass er hinter dem Facebook-Profil „Schillergirl" steckt, da er sich an David für das Video rächen wollte. Alex erklärt, dass Paul während des Fußballtrainings über Davids Handy das Bild von Adrian hochgeladen und mit Marie Schluss gemacht habe. Bei den Angreifern im Wald habe es sich um Paul, Musti, Benny und Robin gehandelt. Alex hatte die Nachricht auf dem Zettel in der Schule gelesen und gemeinsam mit den anderen beschlossen, ebenfalls zur Fischerhütte zu fahren, um David zu unterstützen. Auch Davids Eltern besuchen ihn im Krankenhaus. Sein Vater nimmt sich vor, sich in Zukunft mehr um ihn kümmern, und seine Mutter teilt ihm mit, dass sein Großvater bald wieder nach Hause kann.

Als David zurück in der Schule ist, hat sich einiges verändert: Der Schillergirl-Account ist gelöscht, die Angreifer haben sich entschuldigt und im Unterricht wurde das Thema „Cybermobbing" ausführlich behandelt. Auch das Fußballtraining macht David wieder Freude.

Unterrichtsschwerpunkte

- Prüfung der Textkenntnis
- sich in Davids Situation hineinversetzen und ihm Ratschläge geben
- über Mobbingsituationen diskutieren
- einen Bericht schreiben
- einen eigenen Schluss für den Roman finden

Zu den Kopiervorlagen

KV Seite 44

Wer steckt dahinter?

Diese Kopiervorlage dient dazu, die Textkenntnis Ihrer Schüler zu überprüfen. Wenn Sie planen, die Kopiervorlage „Ende gut, alles gut?" (Seite 48) einzusetzen, in der Ihre Schüler einen eigenen Schluss verfassen, sollten Sie die letzten beiden Zitate hier schwärzen.

Lösung

- „Wie kannst du mich so behandeln?!" – Marie zu David in der Schule, nachdem sie am Abend zuvor die gefakte WhatsApp-Nachricht erhalten hat, dass er mit ihr Schluss macht (15. Kapitel)
- „Du solltest das melden." – Neuntklässler, kommt auf die Jungentoilette und beendet damit die Schikanen für David (15. Kapitel)
- „He, was soll der Scheiß? Wehe das kriegt jemand zu Gesicht!" – Adrian zu David, als er ihn in der Badewanne fotografiert hat (Rückblende im 16. Kapitel)
- „Was ist mit dir los?" – Frau Wegener erkundigt sich am Ende der Deutschstunde, ob es David gut geht, da ihr Veränderungen an ihm aufgefallen sind (17. Kapitel)
- „Hättest du es gelöscht, wäre das nie passiert!" – Adrian zu David, als er Adrian erklären will, dass er das Badewannenfoto nicht bei Facebook gepostet hat (17. Kapitel)
- „Ist da jemand?" – David, allein im Wald, sucht nach demjenigen, der ihn zum Treffen aufgefordert hat (18. Kapitel)
- „D...Das war ziemlich g...gemein. Ich wollte dir eins au...auswischen." – Linus erklärt David im Krankenhaus, warum er Schillergirl ins Leben gerufen hat (19. Kapitel)
- „Wieso hast du nie etwas gesagt?" – Davids Vater, als er David im Krankenhaus besucht (19. Kapitel)

KV Seite 45

Rat per E-Mail

Das bereits gelernte Wissen zum Thema Mobbing soll hier auf eine konkrete Situation angewendet werden. Ihre Schüler sollen die Szene aus dem 15. Kapitel als klassische Mobbingsituation erkennen und gezielt Rat und Hilfe bieten.

Lösung

Aufgabe 2:

Bei dem Verhalten der Jungen handelt es sich um einen klassischen Mobbingfall. Sie haben David seit geraumer Zeit beschimpft, ihn ausgelacht und auch auf Facebook immer wieder verbal angegriffen, um ihn auszugrenzen. Mit dem gemeinsamen Angriff auf David wurde nun auch die Grenze zu körperlicher Gewalt überschritten.

Aufgabe 3:

- Er sollte sich unbedingt jemandem anvertrauen und Hilfe holen. Vertrauenspersonen könnten in diesem Fall seine Klassenlehrerin, der Vertrauenslehrer der Schule oder seine Mutter sein. An Mitschüler sollte er sich in der aktuellen Situation eher nicht wenden, da er von ihnen wenig bis gar keine Unterstützung erwarten kann.
- Er sollte nicht nur die Geschehnisse des Tages darlegen, sondern auch über die vorherigen Ereignisse sprechen, damit das Ausmaß der Vorfälle klar wird.
- David sollte zusammen mit seiner Vertrauensperson darüber nachzudenken, was er selbst verändern kann, um sich in der Klassengemeinschaft wieder wohl und sicher zu fühlen. Dazu könnte zum Beispiel gehören, den Umgang mit Facebook zu verändern, sich selbst anderen gegenüber einfühlsamer und respektvoller zu verhalten, aber auch, zukünftig nicht mehr so lange zu warten, bis die Situation aus dem Ruder läuft.

Aufgabe 4:

individuelle Lösung

Mobbingkurve

KV Seite 46

Ihre Schüler setzen sich anhand dieser Kopiervorlage intensiv mit dem gesamten Mobbinggeschehen gegen David auseinander. Sie beurteilen in Partnerarbeit, für wie schwerwiegend sie die gegen ihn gerichteten Vorfälle jeweils halten. Die schriftliche Begründung ihres Standpunkts in Aufgabe 2 dient der Vertiefung.

Ziel der Diskussion in Aufgabe 3 ist vor allem, dass den Schülern angesichts ihrer vermutlich unterschiedlichen Standpunkte bewusst wird, dass es keine eindeutige Wahrnehmung solcher Situationen gibt – was für den einen noch ein Spaß ist, kann für den anderen bereits sehr verletzend sein. Dabei spielt der soziale Kontext, in dem sich der Vorfall ereignet, eine entscheidende Rolle. Durch die Diskussion werden die Schüler dafür sensibilisiert.

Obwohl sich die Kurven der Schüler unterscheiden werden, sollten der Übergriff in der Toilette (15. Kapitel) und der Überfall im Wald (18. Kapitel) als Mobbinghöhepunkte erkennbar sein. Auch der Post und die gefälschte Nachricht aus dem 16. Kapitel sind mindestens schwerwiegend, weil David dadurch seine einzigen Verbündeten zu verlieren droht.

Lösung

Aufgaben 1 und 2:
individuelle Lösungen

Dramatische Ereignisse

KV Seite 47

Ihre Schüler fassen die Geschehnisse im Wald in Form eines Berichts zusammen. In der 6. und 7. Jahrgangsstufe eignet sich diese Aufgabenstellung auch, um das Grundwissen zu Aktiv und Passiv sowie deren Gebrauch zu wiederholen.

Lösung

Aufgabe 1:

Einleitung

Was? Überfall auf David
Wann? gestern, kurz nach 21:00 Uhr
Wo? Fischerhütte im Wald
Wer? Opfer: David
Täter: unbekannt
Helfer: Marie, Adrian, Alex, Pascal

Hauptteil

Warum? David wurde durch eine anonyme Nachricht aufgefordert, in den Wald zu kommen, um „dem Ärger ein Ende zu bereiten"; David kommt der Aufforderung nach
Wie? unbekannte Angreifer blenden David mit einem Licht; heftiger Schlag mit einem harten Gegenstand auf Davids Schulter, dann Hieb auf den Rücken; es folgen viele Schläge, Faustschlag in Davids Magen; Fußtritt gegen Davids Brust und mitten ins Gesicht; David schmeckt Blut, er wehrt sich nicht mehr; Heulen einer Sirene, Täter fliehen; Marie, Adrian, Alex und Pascal eilen zu David, wollen ihn aufrichten, Notarzt wurde verständigt, David wird ohnmächtig

Schluss

Folgen? David wird ins Krankenhaus gebracht, Verletzungen sind noch unbekannt, Zeugenvernehmung, Tätersuche

Aufgabe 2:
individuelle Lösung

Ende gut, alles gut?

KV Seite 48

Ihre Schüler verfassen auf Grundlage ihrer bisherigen Lektüre ein eigenes Romanende. Voraussetzung dafür ist, dass sie das Schlusskapitel noch nicht vollständig kennen. Die Fragen in den Gedankenblasen bieten eine Orientierung, welche Aspekte beim Verfassen des Schlusses berücksichtigt werden sollten.

Aufgabe 5 zielt darauf ab, über die mögliche Entwicklung Davids zu reflektieren. Im Verlauf des Romans wurde immer wieder deutlich, dass David zwar ansatzweise bemerkte, dass auch er sich oft gegenüber anderen nicht fair verhalten hat, aber diese Gedanken schnell verdrängte und kaum Konsequenzen daraus zog. Da er nun selbst Mobbingopfer wurde, ist davon auszugehen, dass er sich zukünftig sensibler verhält. An einigen Stellen im Buch deuten sich solche Veränderungen in seinem Verhalten bereits an. Vertiefend können Sie die Schüler dazu auffordern, entsprechende Textstellen herauszusuchen.

Lösung

Aufgaben 2, 3 und 4:
individuelle Lösungen

Aufgabe 5:
mögliche Lösung:
David wird beim Veröffentlichen von Fotos, Kommentaren o. Ä. vermutlich viel vorsichtiger sein und vorher überlegen, ob sich jemand verletzt fühlen könnte und ob alle Beteiligten damit einverstanden sind. Wahrscheinlich wird er auch in der Schule und in der Freizeit darauf achten, dass er durch sein Verhalten niemanden verletzt, und sich öfter in die Lage seines Gegenübers versetzen. Sollte er beobachten, dass jemand gemobbt wird, nimmt er vermutlich die Rolle eines Beschützers ein, ähnlich wie Alex.

Gesprächs- und Schreibanlässe

Wie konnte das passieren?!?

Im 16. Kapitel wird auf Davids Profilseite bei Facebook ein Bild von Adrian gepostet, auf dem er nackt in der Badewanne zu sehen ist. Außerdem wurde von einer außenstehenden Person von Davids Handy aus eine WhatsApp-Nachricht an Marie geschickt, in der er mit ihr Schluss macht. Sowohl Adrian als auch Marie sind schockiert und verletzt. Beide weigern sich nach den Vorfällen, mit David zu sprechen.

- Überlegt, wie es überhaupt dazu kommen konnte, dass dieses Bild und diese Nachricht ohne Davids Wissen über sein Handy gepostet bzw. verschickt wurden.
- Diskutiert darüber, wieso Marie und Adrian bereit sind zu glauben, dass David das Bild tatsächlich selbst gepostet und die Nachricht verschickt haben soll. Schließlich wissen beide um die vorherigen Ereignisse und die Hetze gegen David.
- Entwickelt in Form von Rollenspielen klärende Gespräche, die David und Marie oder David und Adrian wegen der gefakten Nachricht bzw. dem geposteten Foto miteinander führen könnten.

Täter anzeigen – ja, nein, vielleicht?

Entgegen der Meinung seiner Mutter möchte David seine Peiniger auf keinen Fall anzeigen. Diskutiert über das Für und Wider einer solchen Anzeige und erstellt ein Stimmungsbarometer.

Kreativ aktiv

Mobbinggedicht oder Rap-Song

Verfasse ein Gedicht oder einen Rap-Song. Bring darin deine Meinung zum Thema (Cyber-)Mobbing zum Ausdruck und lass deine Eindrücke aus dem Roman mit einfließen.

Mobbingschaubild

Greift nochmals das Schaubild zur „Rollenverteilung beim Mobbing“ (Kopiervorlage auf Seite 10) auf und tragt ein, wer welche Rolle im 18. Kapitel einnimmt. Berücksichtigt dabei auch die Informationen aus dem 19. Kapitel.

Lösung

Rollenverteilung in der Mobbingsituation im 18. Kapitel:

- Täter: Paul, Mustafa, Benny und Robin
- Mitläufer/Unterstützer: –
- Opfer: David
- gleichgültige Beobachter: –
- mögliche Beschützer: –
- Beschützer: Marie, Adrian, Pascal und Alex

Furchtbar spannend

Sammelt aus jedem Kapitel Textstellen, die ihr während der Lektüre besonders spannend fandet oder die euch besonders beeindruckt haben. Zeichnet anschließend eine Spannungskurve, die den Verlauf der Handlung anhand eurer gesammelten Textstellen wiedergibt.

Wer steckt dahinter?

In den letzten fünf Kapiteln überschlagen sich die Ereignisse und es gibt eine unerwartete Wendung. Aber wer hat was gesagt?

Schreibe neben die Sprechblasen, wer gerade spricht. Notiere außerdem jeweils in Stichpunkten, in welchem Zusammenhang das Gesagte steht.

Kein Wort, sonst gibt's Dresche!

Benny; Drohung an Fünftklässler, als David aufs Jungenklo gezerrt wird (15. Kapitel)

Wie kannst du mich so behandeln?!

____

Du solltest das melden.

____

He, was soll der Scheiß? Wehe das kriegt jemand zu Gesicht!

____

Was ist mit dir los?

____

Hättest du es gelöscht, wäre das nie passiert!

____

Ist da jemand?

____

D...Das war ziemlich g...gemein. Ich wollte dir eins au...auswischen.

____

Wieso hast du nie etwas gesagt?

____

Rat per E-Mail

Nachdem David von seinen Widersachern geschlagen und mit dem Kopf mehrfach ins Schulklo getunkt wurde, verlässt er fluchtartig die Schule.

1. Lies die Seiten 101 bis 104 noch einmal aufmerksam durch.

2. Wie ist das Verhalten von Robin, Benny, Jonathan, Yusuf und Elias zu bewerten? Berücksichtige dabei auch, wie sie sich im 11. und 14. Kapitel gegenüber David verhalten haben.

3. Sammle stichwortartig Tipps, die du David in dieser Situation geben würdest.

4. Stell dir vor, du wärst ein Freund von David und er erzählt dir in einer E-Mail, was in der Schule vorgefallen ist. Verfasse eine Antwort.

Datei Bearbeiten Ansicht Einfügen Format Extras

Senden | Arial | 10

An ...

Cc ...

Betreff ...

TIPP:
Bedenke alles, was du bereits zum Thema Mobbing weißt.

Mobbingkurve

1. Zeichnet in Partnerarbeit eine Mobbingkurve, indem ihr für jeden Vorfall (x-Achse) eintragt, wie schwerwiegend er eurer Meinung nach ist (y-Achse). Bedenkt dabei auch, dass die Vorfälle miteinander zusammenhängen.

Folgende Punkte können euch bei der Einschätzung des Schweregrads helfen:
- Ausmaß der Beleidigungen
- Verbreitungsgrad der Verunglimpfungen (online und/oder real)
- Nähe zu Kriminalität
- Anwendung körperlicher Gewalt

2. Wählt drei Vorfälle aus und begründet eure Einschätzungen.

3. Diskutiert eure Ergebnisse in der Klasse.

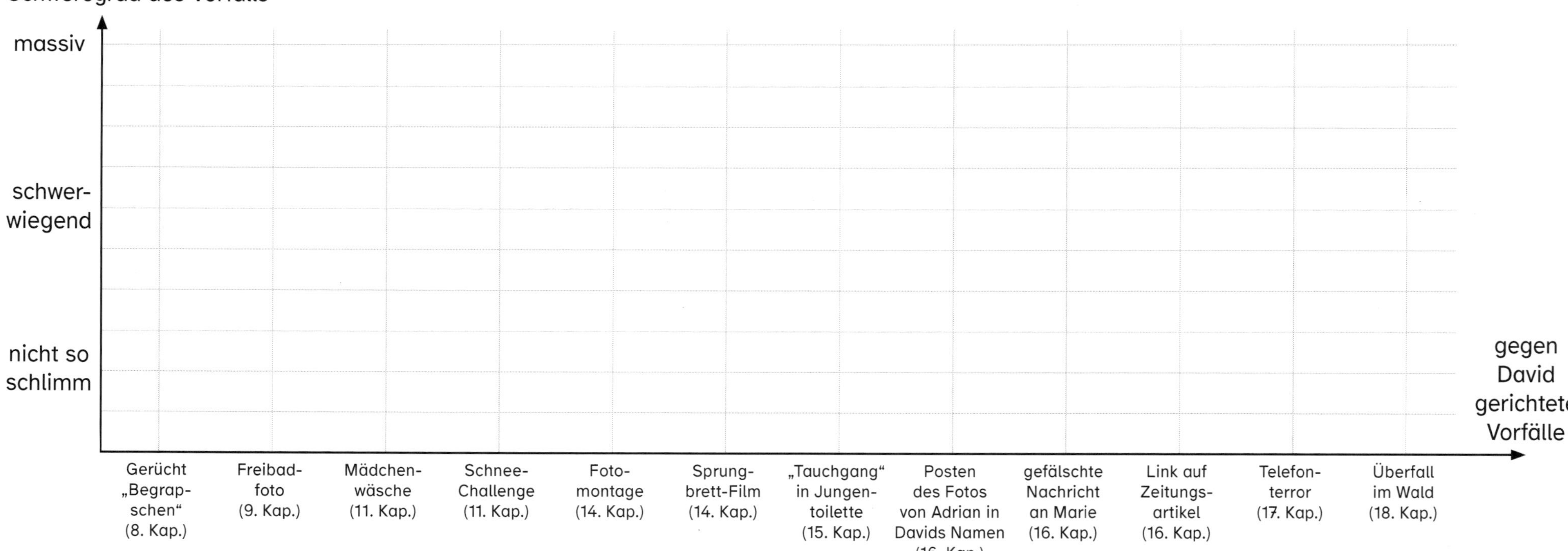

Dramatische Ereignisse

David wird im Wald von mehreren Unbekannten angegriffen, seine Freunde eilen ihm zu Hilfe und rufen einen Notarzt.

1. Lies das 18. Kapitel noch einmal aufmerksam durch und beantworte dabei stichpunktartig die sieben W-Fragen, die unter „Aufbau eines Berichts“ zusammengestellt sind.

Merkmale eines Berichts	
Inhalt	nüchterne, sachliche Wiedergabe von tatsächlichen Geschehnissen
Sprache	sachlich berichtend: keine wertenden Adjektive, keine wörtliche Rede
Zeitform	Präteritum
Verfasser	Berichterstatter bleibt im Hintergrund; wer den Bericht geschrieben hat, kann man beim Lesen nicht erkennen
Absicht	Bericht soll Leser informieren

Aufbau eines Berichts	
Überschrift	Gibt das Ereignis kurz und treffend wieder und verschafft dem Leser damit einen ersten Eindruck vom zu erwartenden Inhalt
Einleitung	Gibt einen knappen Überblick über das Geschehen (W-Fragen, die hier beantwortet werden müssen: Was ist geschehen? Wann ist es geschehen? Wo ist es geschehen? Wer war daran beteiligt?)
Hauptteil	Gibt das Geschehen in allen bekannten Einzelheiten wieder (W-Fragen, die hier beantwortet werden müssen: Warum ist es dazu gekommen? Wie lief das Geschehen ab?)
Schluss	Gibt einen knappen Überblick über die Folgen des Geschehens (W-Frage, die hier beantwortet werden muss: Welche Folgen hatte bzw. hat das Geschehen?)

2. Schreibe auf Grundlage deiner Stichpunkte einen Bericht über die Ereignisse, die sich im Wald abgespielt haben.

TIPP:
Beachte dabei die Merkmale und den Aufbau eines Berichts.

So kannst du deinen Bericht beginnen:

Überfall an der Fischerhütte

Unbekannte Täter griffen gestern Abend kurz nach 21:00 Uhr an der Fischerhütte im Wald den 12-jährigen David an und …

Ende gut, alles gut?

Im letzten Kapitel liegt David im Krankenhaus und wird von seinen Freunden Marie, Adrian, Alex und Pascal besucht.

1. Lies das letzte Kapitel bis zu folgender Textstelle auf Seite 128 aufmerksam durch:

[…] Lachend kommen meine Kumpel wieder herein. Trotz der megapeinlichen Situation habe ich das Gefühl, sie lachen mich nicht aus, sondern mit mir.

2. Schreibe nun ab hier selbst den Schluss des Buches und berücksichtige dabei folgende Fragen:

Hinweis: Natürlich kannst du hier schreiben, was du möchtest. Du solltest aber darauf achten, dass dein Schluss inhaltlich zum Rest des Buches passt.

3. Stellt in Kleingruppen eure Ergebnisse vor und diskutiert, welcher Schluss euch am besten gefällt.

4. Lies nun den Schluss des Buches. Welche Wendungen überraschen dich besonders? Begründe deine Meinung.

5. David hat schlimme Mobbingerfahrungen durchgemacht. Überlege, welche Konsequenzen das für sein zukünftiges Verhalten gegenüber anderen haben könnte.

Nach der Lektüre

Nach Abschluss der Lektüre sollte genug Zeit für eine Reflexion sowohl zum Inhalt des Buches als auch zur Arbeit mit dem Roman eingeräumt werden. Da Mobbing und Cybermobbing weit verbreitet sind, lohnt es sich, Ihren Schülern zudem vorzuschlagen, diese Themen in einem größeren Rahmen an Ihrer Schule zu diskutieren und gemeinsam ein Projekt zu planen.

Unterrichtsschwerpunkte

- Kennenlernen der Autorin
- die Lektüre bewerten
- Vorschlag für ein Projekt

Zu den Kopiervorlagen

KV Seite 50

Ein Brief an die Autorin

Ihre Schüler beschäftigen sich mit der Biografie der Autorin, indem sie entsprechende Informationen auf ihrer Website recherchieren und einen Lückentext ausfüllen. Anschließend werden sie aufgefordert, einen Brief an die Autorin zu schreiben. Gerade dann, wenn sich eine Autorenlesung nicht organisieren lässt, ist das eine gute Möglichkeit, um alle Fragen, die Ihre Schüler im Laufe der Lektüre hatten, zu stellen. Zudem werden sie angeregt, ihre Leseeindrücke zu reflektieren.

Sammeln Sie die Briefe und schicken Sie sie gebündelt an die Autorin, die Kontaktdaten finden Sie auf der Internetseite. Alternativ können die Schüler auch Einträge für das Gästebuch der Website verfassen.

Lösung

Aufgabe 1:
Dezember 1954 – Tanzpädagogin – Erzieherin – sechs – Detektivgeschichten – Roman – Kinder – 2009 – Beruf – Garten – Lesungen

Aufgabe 2:
individuelle Lösung

KV Seite 51–53

Lektürezielscheibe
Feedbackbogen zu „Vernetzt gehetzt"

Um ein erstes Feedback zur Lektüre und den von Ihnen ausgewählten Aufgaben zu erhalten, hängen Sie die (vergrößerte) Lektürezielscheibe (Kopiervorlage auf Seite 51) im Klassenraum auf und fordern die Schüler dazu auf, mittels Klebepunkten zu bewerten, wie ihnen der Roman und die Arbeit damit gefallen haben. Ergänzend oder alternativ dazu steht Ihnen der Feedbackbogen zum Roman (Kopiervorlagen auf den Seiten 52 und 53) zur Verfügung, in dem Ihre Schüler eine differenziertere Rückmeldung geben können.

Kreativ aktiv

Das Quiz zum Buch

Erstellt in Kleingruppen ein Quiz zum Buch. Dabei kann es sich beispielsweise um ein Richtig-oder-falsch-Spiel, ein Quiz zu den einzelnen Kapiteln oder den Romanfiguren, ein Wortsuchrätsel oder um Fragen nach dem Prinzip von „Wer wird Millionär?" handeln.

Buchkritik

Schreibe eine Buchkritik. Sie sollte eine kurze Inhaltsangabe enthalten, darauf eingehen, was dir an der Lektüre besonders und was dir nicht so gut gefallen hat, und gegebenenfalls Altersgenossen die Lektüre des Romans ans Herz legen.

Textstellen umschreiben lassen

Wähle eine Stelle aus dem Roman aus, die dir nicht so gut gefallen hat, und schreibe sie nach deinen Vorstellungen um. Achte darauf, dass deine Textversion trotzdem noch zum Rest der Handlung passt.

Projekt „Mobbingfreie Schule"

Führt an eurer Schule ein Projekt zum Thema „Mobbingfreie Schule" durch, um nicht nur eure Klasse, sondern alle Schüler für dieses wichtige Thema zu sensibilisieren.

- Erstellt Informationsbroschüren zum Thema Mobbing und Cybermobbing und legt sie in der Schule aus (konkrete Anregungen dazu findet ihr auf Seite 30). Darin könnt ihr über den Ablauf, die Gefahren und die Folgen von Mobbing informieren, mögliche Auswege aufzeigen und eure Mitschüler auffordern, mit für eine „Mobbingfreie Schule" einzustehen.
- Dreht einen Anti-Mobbing-Spot für die Homepage der Schule. Die Geschehnisse im Roman bieten euch viele Situationen, die ihr als Aufhänger für solche Spots nutzen könnt.
- Wenn es an eurer Schule ein Schulradio oder eine Schülerzeitung gibt, könnt ihr Beiträge zum Thema Mobbing erstellen.
- Organisiert für andere Klassen eine Informationsveranstaltung zum Thema. Neben Broschüren, Spots oder Artikeln könnt ihr dafür auch PowerPoint-Präsentationen oder Informationstafeln gestalten sowie kommentierte Rollenspiele entwickeln.

Ein Brief an die Autorin

Schriftsteller zu sein ist für viele eine faszinierende Vorstellung. Auch unsere Autorin hat lange davon geträumt, bis ihr Wunsch endlich in Erfüllung ging.

1. Fülle den Lückentext aus. Die notwendigen Informationen findest du auf der Internetseite der Autorin *(www.judith-lehuray.de)* unter dem Menüpunkt „Über mich“.

Judith Le Huray wurde im ______________________ geboren und wuchs in Stuttgart auf. Heute lebt sie mit ihrer Familie am Fuße der Schwäbischen Alb in der Nähe der Burg Hohenzollern. Zunächst verdiente sie ihr Geld als ______________________ in ihrem eigenen Tanzstudio, arbeitete aber auch sieben Jahre als ______________________ und versuchte sich als Damenschneiderin.

Doch der Wunsch, Schriftstellerin zu werden, ließ sie nie los: Schon mit ________ Jahren schrieb sie ihre ersten ______________________________. Mit 14 versuchte sie bereits, ihren ersten ________________ zu Papier zu bringen, und als Erzieherin schrieb sie Geschichten für die ______________________ in ihrem Kindergarten. Seit 2005 verfasste sie immer wieder Kinder- und Jugendbücher, bis mit der ersten Veröffentlichung in einem Verlag im Jahre ________ für sie ein Traum in Erfüllung ging.

Danach hat sie das Schreiben zu ihrem __________________ gemacht und veröffentlicht mittlerweile ihre Bücher regelmäßig bei verschiedenen Verlagen. Besonders gern sitzt sie mit Block und Bleistift in ihrem ____________________________, um ihre Geschichten zu entwickeln.

Die ______________________ an Schulen und in Büchereien haben Judith Le Huray über viele Jahre eine Menge Spaß bereitet. Seit 2025 lässt sie es ruhiger angehen.

2. Schreibe Frau Le Huray einen Brief mit einem Kommentar zu ihrem Roman „Vernetzt gehetzt“. Du kannst ihr außerdem Fragen zu ihren anderen Büchern oder ihrem Beruf stellen.

Lektürezielscheibe

Wie hat dir das Buch gefallen?

Wie haben dir die kreativen Arbeitsaufträge gefallen?

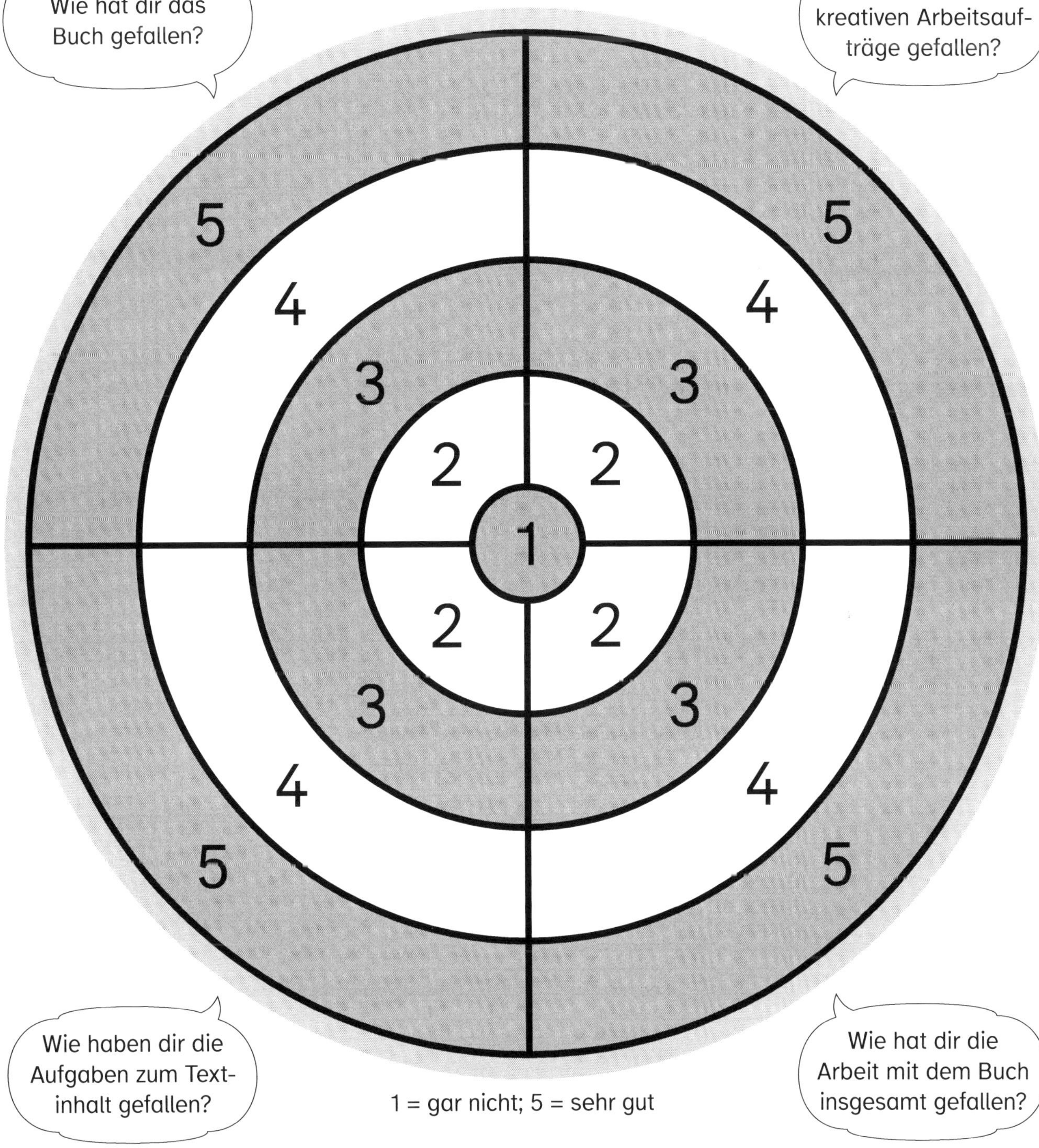

Wie haben dir die Aufgaben zum Textinhalt gefallen?

1 = gar nicht; 5 = sehr gut

Wie hat dir die Arbeit mit dem Buch insgesamt gefallen?

Feedbackbogen zu „Vernetzt gehetzt“

Beantworte die Fragen zum Buch und zu den Arbeitsaufträgen wahrheitsgemäß. Du kannst deinen Feedbackbogen auch abgeben, ohne deinen Namen darauf zu notieren.

Fragen zum Buch

1. Wie hat dir das Buch gefallen?

Note: ☐ (1 = sehr gut; …; 6 = überhaupt nicht)

Begründe deine Meinung:

2. Welche Textstelle hat dir besonders gut gefallen? Welche gar nicht? Begründe deine Meinung.

Besonders gut:

Gar nicht:

3. Ist das Buch deiner Meinung nach eher leicht oder eher schwer zu lesen? Begründe deine Meinung.

4. Würdest du das Buch Freunden weiterempfehlen? Begründe deine Entscheidung.

Fragen zu den Arbeitsaufträgen

5. Wie bewertest du die Arbeitsaufträge ganz allgemein?

Note: ☐ (1 = sehr gut; ...; 6 = sehr schlecht)

6. Welche Aufgabe hat dir besonders gut gefallen? Welche gar nicht? Begründe deine Meinung.

Besonders gut:

Gar nicht:

Anregungen und Wünsche

7. Was ich zur Arbeit mit dem Buch „Vernetzt gehetzt“ noch sagen wollte:

Literatur / Internet

Literatur

Blum, Heike; Beck, Detlef: No Blame Approach. Mobbing-Intervention in der Schule – Praxishandbuch. 6., aktualisierte Auflage, fairaend: Köln 2019.

Grüner, Thomas; Hilt, Franz; Tilp, Corinna: Streitschlichtung mit Schülermediatoren. AOL-Verlag in der AAP Lehrerwelt GmbH: Hamburg 2015.

Jannan, Mustafa: Das Anti-Mobbing-Buch: Gewalt an der Schule – vorbeugen, erkennen, handeln. 4., überarbeitete Auflage, Beltz: Weinheim 2015.

Katzer, Catharina: Cybermobbing. Digitale Gewalt pädagogisch überwinden. Kohlhammer Verlag: Stuttgart 2023.

Kindler, Wolfgang: Schnelles Eingreifen bei Mobbing – Strategien für die Praxis. Verlag an der Ruhr: Mülheim 2009.

Leye, Heike: Mobbing in der Schule – Das Praxisbuch. Profi-Tipps und Materialien aus der Lehrerfortbildung. Auer Verlag in der AAP Lehrerwelt GmbH: Augsburg 2022.

Olweus, Dan: Mobbing an Schulen: Fakten und Intervention. In: Henschel, Angelika; Krüger, Rolf; Schmitt, Cristof; Stange, Waldemar (Hrsg.): Jugendhilfe und Schule. Handbuch für eine gelingende Kooperation. Springer: Heidelberg 2009, S. 247–266.

Steves, Mirjam: Mobbing und Cybermobbing: wirksam vorbeugen und eingreifen. Arbeitsblätter für Jugendliche. Verlag an der Ruhr: Mülheim 2015.

Schluss mit Mobbing. In: Dein Spiegel, Heft 12/2011.

Schmidt, Jane: Facebook, Surfen und Co. So ist mein Kind sicher im Internet. Wiley-VCH: Weinheim 2014.

Schubarth, Wilfried: Gewalt und Mobbing an Schulen. Möglichkeiten der Prävention und Intervention. Kohlhammer Verlag: Stuttgart 2020.

Internet

www.klicksafe.de/cybermobbing

www.bpb.de/lernen/grafstat/mobbing/

www.planet-wissen.de/gesellschaft/kommunikation/konflikte/pwiemobbinginderschule100.html

www.geo.de/geolino/mensch/9445-rtkl-du-gehoerst-nicht-dazu

www.schueler-mobbing.de